# 有名進学塾もない片田舎で子どもを東大生に育てた母親のシンプルな日常

清水芽々 著

# 早生まれは損？まさに今、誕生した子への親の思い

「スタートから損してるわよね」

平成2年3月の終わり、予定日から2週間早く生まれた息子・大輝さんに対して母親の恭子さんはつぶやいた。

「早生まれで可哀想なことをしたなってまず思ったんですよ。すでによちよち歩きを始めて、言葉を発しているような子と、さっき生まれたばかりで芋虫みたいにモゾモゾと、泣くしかできない我が子が同級生になるのが、ハンディキャップのように感じたんです」

不公平というか、出遅れ感は否めない。

出産からさかのぼること7ヵ月前、第一子妊娠が判明し、予定日は4月半ばだと告げられたとき、真っ先に恭子さんの頭をよぎったのは「春生まれでラッキー♪」だった。

「なんか春ってスタートとか新しい始まりっていうイメージがあるじゃないですか？私、桜の花が大好きだから、桜吹雪に包まれて赤ん坊を抱く自分の姿を思い浮かべてワクワクしちゃったんです。4月といえば、だんだん暖かくなって来る時期だからきっと育児も楽だろうな…とか。冬だと夜中の授乳が辛いとかって言いますよね？私、冷え性だから想像しただけで震えちゃうんですよ」

恭子さんの「春生まれ」に対する期待はさらに続く。

「4月とか5月生まれって頭が良いって言いません?別に頭が良くなきゃダメとは思わなかったですけど、どうせなら賢いほうがいいじゃないですか?私に似たら期待できないけど、主人はわりと勉強が好きなので、主人に似て、春生まれだったら最高かなって」

妊娠期間をこうしてワクワクしながらすごしていた恭子さん。テンションの高い恭子さんの「初めての子ども」への妄想はもはや、夫である勇次さんの眼には暴走にさえ映った。

「毎日お腹に話しかけるのはもちろん、安産のためには足腰を鍛えたほうが良いと聞いて、毎日3キロくらい散歩していました。『今日はとくに寒いわね』とか『桜の木がもうつぼみをつけてるわよ』とか。ひとりでブツブツ言いながら歩き回ったものだから、すれ違った人に首をひねられたりとか、『あのおばさんずっとなんかしゃべってる、ヘンだよ』と言われたり……。周囲の目は気にはしていましたけど、私がお腹の赤ちゃんに話しかけてるということがわかると、一緒に話しかけてくれるご近所さんもいましたね。『ママとお散歩、いいわねえ』とか」

それに対して勇次さんは完全に置いてきぼり。ただ「パパ!」と呼ばれるたび、勇次さんはドキッとしていた。

「すでに父親としての自覚を促されてるのか……というプレッシャーを感じてました」

と勇次さんは記憶している。

思い込みが激しくて、考えてることがストレートに顔に出る。素直と言えば聞こえはいいが、じつは単純なだけ。かと言って浅はかな訳ではなく「ここぞ」というときには、これでもかと悩みまくる……。

そんな恭子さんはどこにでもいる普通の主婦。「当たり前すぎて誰にも注目されない、絵に描いたような平凡な家庭を作りたかった」と言う勇次さんには理想の妻でもあった。

赤ん坊はお腹のなかですくすくと育った。「体重が増えすぎて助産師さんに怒られた」以外はとくにトラブルもなく出産の日を迎えた。

感動に満ちた対面から数時間後、分娩室から病室のベッドに戻った恭子さんと夫の勇次さんが交わしたのが冒頭の会話だった。

早生まれを嘆く恭子さんに勇次さんが口を挟む。

「いつ生まれとか関係あるかなあ？」

「パパの誕生日は4月の下旬でしょ？初産は遅れるっていうから、もしかしたら同じ誕生日になるかもと思ってワクワクしてたのよ。それが3月中で。なんか余計にガッカリしちゃって……」

スヤスヤ眠る我が子の愛らしい寝顔を眺めながら、けれど恭子さんの表情は晴れない。

「やっぱり学年で限りなく最後に生まれた子どもって損な感じしますよ。赤ん坊のうちはまだいいけど、幼稚園や小学校に行ったら同級生として同じプログラムをこなすようになりますよね？そうなったとき、絶対4月生まれの子と同じようにはできないだろうから、それが原因で自分は劣ってるとか、遅れてるとか思うようになったら可哀想じゃないですか?自分に非があるわけじゃないのに……ねえ?」

出産を終えたばかりで落胆する恭子さんを励ますように、勇次さんはこんな言葉をかけていた。

「でも良かったこともあるんじゃないかな?例えば、東大生には早生まれが多いって聞いたことがあるよ。よくは知らないけど、たぶん早生まれの子どもは生まれつきの逆境を跳ね返す力があるんじゃないのかな。きっと努力家になると思うよ」

「早生まれっていうだけで東大に入れたら苦労しないわよ。もう全然、東大とか別次元の話って感じ。なにそれ?説得力に欠けるわよ」

この勇次さんの「東大生は早生まれが多い」説を裏付けるデータはない。学力においても運動においても「早生まれは不利」という見解のほうが一般的だ。

そう、東大なんてまったく非現実的な響きでしかなかった。

「大輝が生まれた日に主人と交わした『東大』という言葉はその後、何年も口にすることはなかったですし、つい最近までこの会話自体を忘れていましたが、今思えば運命的なやりとりだったのかなって」

「運命」……この言葉どおり、大輝さんは後に東大への入学を果たす。

本書は、地方の片田舎で進学塾にも通わずに東大合格を果たした子を育てた母親の、シンプルな生活が教える「進んで子どもが勉強する環境を作る」メソッドである。

## 3章　自主性と自制心なしには学力を伸ばせないローティーン

# 1章

# 幼児期のシンプルな母親の日常が生み出す子どもの育み

## 普通を絵に描いたような片田舎のサラリーマン家庭

栃木県のある田舎町。近隣にはゴルフ場が林立する。最寄り駅へは自動車で行かなければならないほどの、よく言えばパノラマの田園風景、はっきり言えば田舎の小さな町。ちょっとした事件が起きれば、人づてでその被害者や加害者の知り合いにたどり着いてしまうほど世間を狭く感じる、そんな町での話。

恭子さんは関西出身の勇次さんと結婚して、恭子さんの地元であるこのエリアに居をかまえた。関西の、まあ偏差値そこそこの大学の理系を卒業した勇次さんは技術系のサラリーマン。地元の短大を卒業した恭子さんとのこの地での夫婦生活は、このあたりではごく普通のどこにでもあるものだった。普通の学歴、普通の家庭……ただただ普通という言葉以外見つけられないような家庭だ。

出生時の体重が小さめだった大輝さんを恭子さんは完全母乳で育てた。

「たまたま母乳の出が良かったからですかね。私、もともとは華奢なほうだったんですけど、妊娠中に20キロ近く太ってしまったせいで出産後も妊婦体系だったんです（笑）。なんとかして痩せなきゃと悩んでいたら、助産師さんに『母乳をドンドン出すとウソみたいに痩せるわよ』と言われたので『これだ！』と思いました。よく言われている「母乳神話」にこだわったわけではないです。マッサージに通ったりしてひたすら出す努力をし、その甲斐あってか産後1ヵ月で私の体重は10キロ近く減りました」

これが恭子さんにとって母乳育児の一番の理由だったが、そう長

くは続かず、

「1ヵ月で10キロっていうペースで減ったら、3ヵ月後には30キロ近く減ることになるじゃないですか？『それってどうなの⁉』って（笑）」

そんなことは有り得ないと誰もが思うのだが、思い込みの激しい恭子さんは真剣に悩み始める。

「妊娠前よりも痩せちゃって洋服のサイズが合わなくなったら、不経済じゃないですか？そもそも痩せたいと思ったのも美容的な意味ではなく、洋服を買い替えるのがもったいないっていうのが一番の理由ですからねえ」

恭子さんは天然が少し入っているようだ。

「ミルクタンクを常に携帯しているので出かけるときも楽ですし、『お腹が空いた』『喉が渇いた』『眠くなった』など、子どもに起きるどの状況でも母乳を飲ませれば済んでしまうので、面倒臭がり屋の私にとってはなによりありがたかった」

ところが恭子さんは、ふと考える。

「いつでも欲しいときに欲しいだけご飯が食べられる環境が、子どもにとってどうかな？って思ったことがあるんです。もしかしたら、我慢の利かない子どもになるのでは？幼稚園や小学校へ行くようになれば、食事の時間って決まっているじゃないですか。例えば午前中にお腹が空いてしまって、ぐずったり不機嫌になったりしたら、幼稚園で『我儘な子』と思われないかしら？3時間目の授業が終わったときにお腹が空いてしまって、空腹のあまり4時間目の授業に集中できなかったりしたら困るな、とか。やっぱりある程度、規則的に授乳ができるミルクに切り替えたほうがいいかしら？」

勇次さんは恭子さんがちょっと神経質になったり、不安を感じるたびに、「ずっと母乳ばかり飲んでいるわけじゃないし、普通に食事をするようになれば大丈夫じゃない？考えすぎだよ』と、冷静で的確に応じる。

この「君は考えすぎだよ」という台詞を恭子さんは今まで何度も勇次さんから聞かされている。

## 気づかされた育児手法の迷信と育児書不要論

振り返れば、くだらないこともたくさんあったが、それでも当時の恭子さんはいつだって真剣だった。

「授乳の後はゲップをさせるってあるじゃないですか? でも、大輝はおっぱいを飲んでお腹が膨れると、すぐに眠ってしまうことがけっこうあったんです。そのまま寝かせておけばいいのに、私はわざわざ起こしてゲップをさせていました。本人は不機嫌ですよ。さらには、ハイハイの前につかまり立ちをしたときも『ハイハイは手足の筋力をつけるためなのに、それをする前に立ってしまったら、転びやすくなるんじゃないかしら?』と思って、無理やりうつ伏せにしていましたからね。もちろん、これにも本人は不機嫌。『この子は気難しい子だなあ』と思っていました。我ながら呆れたもんです（笑）」

些細なことを気にして「迷走」を続ける恭子さんの姿を見ていた勇次さんは、とうとう家に何冊もあった育児書を取り上げる。

「本ではなく本人を見ろ！小さい子どもは個人差があって当たり前だし、そもそも人間なんて千差万別だよ。大輝は自分の子どもなんだから、自分のやりかたで育てればいいんだよ」

「（勇次さんの怒りに）あぁ、そうかって。自分の子どもにぴったりあった育児書なんて存在しませんよね？だったら役に立たないなって」

のちに恭子さんのこの「育児書不要論」は、「目安になる」「専門家の意見は必要」との意見を持つ「育児書必要派」のママ友との間で、しばらく物議を醸すことになるのだが、恭子さんはそれに動じることはなかった。

「主人は『自分のやりかたで』と言いましたが、それとはちょっと違いますね。私のやりかたではなく、大輝に相応しいやりかたで育てようと思いました。いや、正直言うと、いろいろ考えるのが面倒臭くなったんで……。それにやっぱり育児書を買わずに育てれば、経済的にも助かりますからね」

この「自分にあまりプレッシャーをかけないゆるさ」も恭子さんらしいところだ。

大輝さんが成長し、のちに秀才ぶりを発揮すると、当然のように「やっぱり母乳で育てると頭の良い子になるのね」と話しかけられたはずだ。育児書不要論のように、真偽の答えが出にくい育児期の子育てに関する憶測がここでも生まれる。

「私は関係ないと思っています。免疫がどうのって聞きますけど、周りを見る限りは大差ないですね。どの赤ちゃんだって時期が来れば、お母さんの免疫が切れて病気になるんだし。赤ちゃんに必要な栄養素というのは母乳も人工乳も変わりないと思います。完全母乳が頭の良い子になるファーストステップというのは迷信でしょう。ただ、スキンシップとアイコンタクトは大事ですよ。しっかり抱っこして目を合わせながら授乳をすれば、どっちでもいいのでは？というのが私の考え。母乳神話なんて気にすることないですよ」

2歳まで寝しなに母乳を飲んでいたという大輝さんだが、恭子さんが第二子を妊娠すると、あっさりと卒乳した。産科の医師から「流産しやすくなるから、もう上の子に母乳は飲ませないほうがいい」と言われ、「困ったな、どうしよう」と悩んでいた恭子さん。

「そしたら主人が『もうおかあさんのおっぱいはお腹の赤ちゃんのものなんだよ』と

大輝に諭すと、大輝は自然に乳首から口を離し『バイバイ』と言って、たくしあげていた私のシャツを下しました。それで終わり」

これが卒乳の儀式だった。

「なかなか母乳がやめられなくて、苦労しているお母さんたちが多いなかで、あまりにスムーズな乳離れに、かえってこっちが寂しくなるくらいでしたね」

と恭子さんは話す。

「話せばわかる子どもだってことだよ。聞き分けの良い子でラッキーくらいに思えば？」

勇次さんのポジティブで的確なアドバイスに、恭子さんはすぐに頷いた。

良く言えば素直、悪く言えば単純。気にしだすととめどないが、面倒臭くなると深く考えることはしない。ましてそれが自分にとって都合の良い理屈だったりすると、さらに受け入れるハードルは低くなる。

恭子さんはゆるくて天然的だけど、どこの世間にもいるような普通の主婦である。

## 親の冷静なポジティブシンキングが幼児期の子どもに与える影響

幼児期の大輝さんは、どこの家庭でもありがちな男の子としての事件や問題を引き起こす。いわゆる好奇心旺盛な時期である。それをやめさせるために、母親は疲れるぐらいの格闘をするものだが、ここでは「どうやめさせるか」が重要なポイントになる。

「こちらが望まないことをしたり、不都合なことが起きたりすると、私はつい、子どもに向かって『やめて!』とか『こら!』とか反射的に大きい声を出しちゃうんですけど、主人は常に冷静でした。『○○だからダメなんだよ』『○○になるからやめようね』と、理路整然と子どもに注意するんです。主人は『本人や周りに身の危険を及ぼさない限り、怒る必要はない』という考えでしたね。まあ、たしかにそのとおりだとは思いますけど、大輝が壁や床に落書きをしても、ジュースや食べ物を散らかして遊んでも、『楽しそうだねえ』とニコニコしながら見ているだけなのにはちょっと困りました」

「幼児期の子どもは好奇心の塊」が持論の勇次さんにとって、幼児特有のいたずらというか問題行動は「好奇心によるものがほとんど」で、叱る必要も意味もないと判断していた。

「そうなるのが面白いのか」

「それが不思議なんだな」

感心しながら、常に観察するような感じの勇次さん。

一方、後始末をする恭子さんの側としては「見てないでやめさせて！」と言い続けていた。

「主人は例えば（子どものいたずらで）部屋が散らかっていても、文句を言ったり嫌な顔をする人ではなかったし、大輝に振りまわされて家事が不十分であっても、『赤ん坊の世話をしながらまともに家事なんかできるわけがない』と受け入れてくれていました。いつの間にか、私もあまりカリカリしなくなりました」

家のなかは常に「空き巣に入られた後」のようで、急な来客などで恥ずかしい思いをしたことが何度もあった。

だが、「部屋が散らかっているほうが、脳に刺激がいくから子どもは頭が良くなるらしいよ」という勇次さんの一言で恭子さんは開き直る。

「ほら私、面倒臭がりだから」

そうは言うものの、意外と自分に厳しい一面もある恭子さんは「甘え」や「手抜き」が好きではなく、「赤ん坊がいるからしかたがないとの言い訳はしたくない」と、常に「家事も育児もできるだけのことはしたい」とは考えていた。

しかし、それでは優先順位が違うことに気づいてしまう。

「私は家事を優先するため、一日中大輝をおぶっていた時期があったんですけど、ふと『これでいいのかな？』と。赤ちゃんは毎日変化というか成長するじゃないですか？ そういう時期に背中にくくりつけていたら、大輝の発育を妨げるのではないかと。さらに私自身が、大輝の成長をこの目で見届ける貴重な時間を無駄にしていないかって考えたんです」

子どもが子どものままでいられるのはほんの数年間。ましてや赤ん坊といわれる時期はほんの一瞬である。

このことに気づき反省した恭子さんは、家事を大輝さんのペースでこなすことに切り替えた。

「食事でも遊びでも大輝が納得するまで付き合い、その合間に家事をしました」

結果、洗濯物を干すのが午後になったり、夕飯が夜8時をすぎてしまうことも。「それでも気にしない。でも無理だと思った時点でやめよう」と、恭子さんは徹底的に大輝さんと向き合うことにした。

実際にそうやり始めると一見、簡単そうに思えたのが、これがけっこう大変だった。

いや、恭子さんではなく大輝さんが、である。

## 母親の幼児優先の時間配分は幼児へのポジティブプレッシャー

それからの恭子さんの行動は、とことん子どもに付き合う時間が優先される。

「食事のときはどんなに時間がかかっても、食べ終わるまでずっと付きっきりでした。ダラダラして大輝も飽きてしまうけど、私ががっちりと監視しているので、途中で投げ出すことができない。次第に大輝も『食べ終わらないと食卓から解放されない』と理解して、さっさと食べ終わるようになりました」

おそらく根気のいることであっただろう。しかしその反面、大輝さんにもけっこう負担となっていた。大輝さんにとっては、許されていた自由奔放な行動を奪われたのだから。

さらにこの「プレッシャー」は、大輝さんが無邪気に遊んでいるときにも向けられた。

「砂遊びでも積み木でも、私がとことん付き合うものだから、先に大輝のほうが飽きてしまいましたね。そこで『もう遊ばないんだったら片づけて。片づけないのなら遊びは終わらないよ』と言い聞かせました。すると、自分から進んで片づけるようになったんです。大輝は『もう（おもちゃは）ナイナイするからママも（遊びは）終わり！』と言い始めました」

見方によっては「親子の微笑ましい触れ合いエピソード」だが、これは「次のことをするなら、今やっていることを完全に終わらせる」という習慣づけへと結びついていた。

それはその後、大輝さんの生活に大いに活かされることになる。

「勉強でもそうなりましたね。問題集をやっているときは、出題順に解いていかないと次の問題に移れないんですよ」

よく試験などでは「解ける問題からやれ」と言われているが、大輝さんの考えは違った。その理由は「それ（解ける問題からやる）だと難問が後回しになってしまい、最終的には『他の問題ができているから、まあいいか』となってしまう。それだと永遠に満点は取れない」である。つまり、幼児期の「今やっていることを完全に終わらせる」習慣が大いに影響していることは想像に難くない。

「じゃあ、解けない問題が出てきたらどうするの？と聞いたんです。そうしたら、『解く、というか解けない問題は作らない。どんな問題でも解けるようにする』でした。なんというか強気ですね（笑）」

と恭子さんは言う。

「幼児期に子ども自身にかかるプレッシャーは、のちの習慣に結びつく」

これが恭子さんのシンプルな生活から学んだ経験なのだ。

「いやいや、単にあの子にとっては『やり終える』ことが『次に進む条件』なんです。非効率的だなと思うこともありますが、勉強のやりかたは本人次第なので。２歳代までは、なにを言っても聞いても通じない動物みたいなところもあり、私は常に『なんでそうなの⁉』『どうしてこうなるの⁉』って思ってました。だけど、それだと私が追い詰められちゃうだけなので、主人の考えかたの影響で、『そういうもんなんだ』とか『なるほど、そうなんだ』と受け入れることにしたら楽になりました。それでも大輝の言いなりにはならなかったですね。『欲しい！』とダダをこねても、すぐに与えたりせず、『なんで欲しいのか？』『これが手に入らないとどうなるのか？』とやりとりをしていました。そのうち冷静になってくると……というか、大輝も面倒臭くなったんでしょうね。『やっぱりいらない』となることがほとんどでした」

感情的になって「ダメ！」と言えば、子どもはさらに「ヤダ！」となり、収拾がつかなくなりがち。さらに「絶対欲しい！」とテコでも動かないという姿勢を見せられたら、親も途方に暮れて「わかったよ」となりそうだが、冷静になって子どもの言い分を聞いたり、こちらの考えを言って聞かせたりすると、親子のコミュニケーションにもなる。

やがて、それでも必要なもの、それでも欲しいもの、あるいは衝動的だったのかなどの違いがわかるようになるのだ。

## 幼児期に客観性を育めば、観察力が備わる

聞けば恭子さんの言っていることはもっともだと思うことが多く、我が子を「甘やかす」ことと「可愛がる」ことは同じではないのだと気づかされる。

「冷静になって」あるいは「客観的な見方」をしながらする親子の対話が功を奏し、大輝さんは2歳になるころには大抵のことは「言って聞かせるだけで大丈夫」な子どもになっていた。

「お蔭でけっこう楽をさせてもらいました」

と、聞き分けが良い大輝さんを恭子さんは振り返る。

「大輝は『ご飯作るからここでおとなしくしててね』と言えば、ずっとダイニングの椅子に座って、私の姿を眺めていましたね。私がやることをじっと見ていたので興味があるのかと思って、『これは大根っていう野菜だよ。煮物っていうお料理を作るんだけど、煮ているうちに形が崩れたりするから、角を切り取ってるの。これは面取り

って言うんだよ』などとよく話しかけていましたが、さすがに理解できなかったのか、大輝はキョトンとしていましたね。でも説明することで、私の行動には意味があるのだと感じていたと思います。本人もあまり退屈するようなことはなかったようです」

退屈どころか恭子さんの台所仕事は、大輝さんの好奇心を大いに刺激するものだった。

「お米を研いでいたときに、濁ったとぎ汁を捨てたら、『ジャーしちゃうの？』と言われたことがあります。お釜に水を入れて研ぐ、とぎ汁を捨てることを繰り返すのが不思議だったみたいですね。ホウレンソウを茹でていれば、最初はお鍋からあふれるくらいかさばっていた葉っぱがどんどん小さくなり、最終的に小鉢1個分くらいまでの量に減ってしまったのを見て、『え⁉』と不思議そうにしていた。『消えちゃった！』って驚いていました。他にも黄色い液体がフライパンで焼かれることでふっくらとした卵焼きになる、白い衣をつけたフライが揚がると茶色になるなど、形状の変化を見て楽しんでいたようで、私が料理をしているところを見るのが次第と好きになっていったようです」

幼児のいる家庭での台所仕事はなんとなく慌ただしいイメージがあるが、恭子さんと大輝さん親子には、ゆったりとした時間が流れていた。
「もともと手際があまりいいほうじゃないので、気にならなかったのかな？ それよりも私のやっていることに大輝が興味を示してくれたことが嬉しかったんですよね。将来はシェフかな？と（笑）」
幼児が事象の観察に興味を示し始めれば、それが「？」に変わり、なぜなのかという疑問を解き明かしたい願望が芽生える。これは幼児期の大切なプロセスになる。

大輝さんが3歳のときに妹が誕生。
「赤ん坊という未知の生き物が、目の前に存在することが不思議だったようです。もぞもぞと動いたり、泣いたりする様子を観察していました。大輝にとって生まれたばかりの赤ん坊は『珍獣』みたいなもんだったんです」

「指を手のひらに置くとギュッと握り返すんだよ」

「バーッってやる（あやす）と笑ったんだよ」

と、いちいち報告しにくる大輝さん。

「『赤ちゃんはみんなそうだよ』と教えると不思議そうにしていました」

妹の誕生も観察力を養うにはもってこいの「道具」となっていた。

# 押し付けずに自然体で興味を芽生えさせる幼児経験

昨今は早期教育が注目され、胎内教育（胎教）から始まり、乳児時代に英語を聞かせ、１歳をすぎたらベビースイミング、２歳からはリトミック、３歳からは体操教室と英会話といった教育熱心な家庭が増えてきている。

恭子さんは、「その流行に乗ってみようかな」という程度の感覚から、次第に興味を持ち始める。書店で早期教育に関する本を探し、自宅学習用のドリルを購入したり、通信講座のサンプルを取り寄せたりした。ところが肝心の大輝さんは全の無関心。手に取ろうともしなかった。

「それはないんじゃない？」と拍子抜けの恭子さん。「これをすればこうなるんだって」と説明しても、大輝さんは「ふーん、それで？」と、反応はよろしくない。

「私の説明を大輝は聞いてくれたんですけど、その反応を見てあきらめました。強制されるのが嫌いだったんですよね。そう育てたのは私たち夫婦なのですが（笑）」

恭子さんは大輝さんが早期教育の教材に関心がないのは理解したものの、納得するまでにはいたらなかった。「そう言いつつも、興味を示すんじゃないかな」と、しばらく教材を大輝さんの目に留まるような場所へわざとらしく置いておく。

だが結局、大輝さんに念を押され、あきらめてゴミ箱に捨てた。

「本人に興味のないことを無理強いしない」のがモットーの宮本家。「ウチはもう平仮名の読み書きができるのよ」「ウチはアルファベッドをマスターしたわ」といったママ友同士の張り合いに、「実は抵抗を感じていた」ことも手伝って、早期教育に対する恭子さんの熱は早々に冷めていった。

「早期教育の必要性を感じていたわけではなく、妹に手がかかり、幼稚園入園前の大輝が時間を持て余すことがあったので、その手段として考えていただけだったんですけどね」

恭子さんは流行には影響されるけど、違うと思えばすぐに軌道修正できる人だ。それを別にしても、3歳になれば、なにかしら習い事を始めてもいいころでもある。

「子どもが小さいうちに経験したり、学んだりすることは凄く大事だと思っていた」

子どものこの時期、どの家庭でも考えるお稽古事を恭子さんも模索し始める。

「ママ友に奨められたものはすべて見学しました。そのなかで大輝が最初に興味を示したのはピアノでしたね」

早速ピアノを始めた大輝さん。思うように指が動かず悪戦苦闘するも、すぐに興味は実技よりも楽譜へと移っていった。

「初心者の場合は先生が教えるように鍵盤を叩くだけですけど、その先生を始め、上手にピアノが弾ける人はみんな楽譜を見ているじゃないですか?だから大輝は『楽譜が理解できれば上手に弾けるようになる』と思ったみたいです」

指も満足に動かない大輝さんに、恭子さんはオーケストラが使うような楽譜まで買い与え、大輝さんと一緒に読みかたを勉強した。

楽譜が読めるようになった大輝さんは、音楽テキストを片っ端から弾きまくるようになるのだが、「夢中になると手加減できない」性格が災いし、練習のやりすぎで腱鞘炎になってしまった。腕前は目覚ましい勢いで上達し、それを糧に頑張っていた大輝さんは、練習をやめなければならないことでジレンマに陥る。

「せっかく練習してうまくなったのに、練習しなかったらヘタになっちゃうよ」

「それはそうだけど、大輝は練習をしすぎたの。これ以上練習したら、うまくなるどころかピアノが弾けなくなっちゃうんだよ」

と食い下がる大輝さんを諭す恭子さん。

「うまくなる必要がないなら、もう習わなくていい」と、わずか1年でやめてしまう。

「大輝には絶対音感があると、先生は続けさせることを望んでいたみたいですけど、もう本人が『手が痛くなるから嫌だ』とピアノに触らなくなってしまったので『無理ですね』と先生を説得しました（笑）」

「子どもの言いなりでどうするんです？ 甘やかすと根気のない人間になりますよ」と非難されたが、恭子さんは「言いなりでも甘やかしでもなく尊重だ」と毅然とした。ピアノ教室をやめた後も、気が向けば家にあるピアノを弾いていた大輝さんだったが、当然のように腕前は衰えていった。

「妹に教えたりして兄妹のコミュニケーションツールとなっていました。『楽譜が読めることは音楽の授業で役に立った』と、のちに本人が言ってましたね」

導くのは親の役目。興味があればやればいいし、やめたければやめればいい。そのころの努力も挫折も無駄にはなることはない。

# 幼児には親とのセーフティールール作り、それを教える

「赤ちゃんはママのお腹に入る前はどこにいたの？」

「どうやってママのお腹のなかに入ったの？」

「ママのお腹のなかにいたのにどうやって出てきたの？」

大輝さんは妹の誕生に関して毎日、恭子さんを質問攻めにした。これに対し、恭子さんの返事はいつも「わからない」か「自然に」というものだった。それでも食い下がられたときは、「難しすぎてうまく説明できないし、聞いてもわからないと思う」「大輝が大きくなって理解できるようになったら教えるね」と最終手段のカードを切っていた。

「困ったような顔をすると大輝が『ママを困らせてしまった』と気にするんじゃないかと思って、あえてニコニコしながら煙に巻いた感じです（笑）」

子どもにとっては母親の笑顔が一番。母親が笑顔でいてくれれば、少々のことは気

にならないものだ。

4歳の誕生日を迎えた翌月、大輝さんは2年保育で幼稚園に入園する。

「公立ではなく私立の幼稚園です。都会のように、どこかの私学の付属的なものではなく、単に個人経営というだけ。家から一番近いという理由で選んだにすぎません」

歩いても通える距離だったが、恭子さんは通園バスで通わせることにした。

「一日入園のときに幼稚園まで歩いて行ったんですけど、大輝はそれが通園だという自覚がなく、いつものお散歩感覚だったようです。幼稚園に到着し、私と引き離され、そこで大輝は大泣きしました。まぁどこにでもある光景です。不安だったんでしょうね。『どういうこと⁉聞いてないよー』みたいな顔をしていました。その後はお散歩に行くときでも『幼稚園に行くの？』といちいち確認するようになり、その都度私は『そうだよ』とか『違うよ』とちゃんと言うんですけど、お散歩コースの途中に幼稚園があったせいか、大輝はいつも不信感を漂わせていました」

「これはマズイんじゃないか」そう思った恭子さんは、大輝さんを「いたずらに動揺させないで済むように」とバス通園を選択する。

「幼稚園に行くときはバスに乗る」

「お散歩のときはバスに乗らないから幼稚園には行かない」

そう明確にすることで、大輝さんへ安心感を与えられるようにした。

この子どもに対して意思を明確にすることに、恭子さんは持論を展開する。

「その先にあるものが良いことであれ、悪いことであれ、子どもにとっては『どっちかわからない』『どうなるかわからない』というのが一番不安ですよね。悪いことだとわかっていれば覚悟ができるし、楽しいとわかっていれば思う存分期待できますから」

子どもの不安を取り除くこと、これは親にとって大切な役割のひとつ。不安のないフラットな感情であれば、常に事象を観察し、なぜ？という疑問をたくさん生み出す機会をつくることにつながる。

余談ではあるが、今でこそサプライズを楽しむ余裕を持てるようになった大輝さんだが、大人になるまでそれが苦手だったようだ。

「青春期でも、驚かそうと思って内緒でなにかを計画すると、そのサプライズに『心の準備がしたかった』と不満を訴える子どもでした。たとえ不本意ではなかったとしても、納得がいかなかったようです（苦笑）」

恭子さんは常に「自分がしてあげたいことよりも、子どもがして欲しいことはなにか？それが安心感なら、安心できるまで付き合う」ことを考えて行動するようにしていた。

## 幼児期の一般論に悩んでも子どもは育まない

「幼児期にお友達と遊ぶことは、他者との関わりを経験するという意味で、心身の発達に重要なことなので、なるべく同年代の子どもと関わらせるようにして下さい」

大輝さんの通う幼稚園の園長先生から恭子さんはこうアドバイスを受けた。

「大輝の幼稚園生活はこのままじゃいけないのか」

大輝さんの幼稚園生活は、一人遊びを楽しむ時間が多かった。それを見て園長先生から発せられたのが冒頭の言葉だった。

恭子さんはアドバイスを受け入れ、休日に行なわれる児童館の集まりや親子サークルに積極的に参加しようとする。すると、これに夫の勇次さんが疑問を投げかけた。

「本人の気が進まないことを無理にさせなくてもいいんじゃないか? 平日は強制的に幼稚園で団体生活を送っているし、休日くらい気を遣わない環境にしてあげよう」

「だって園長先生が……」

恭子さんは不安を隠し切れず、助けを求めるようにそう言った。

「園長先生が言っているのは一般論だと思うよ。『大輝論』じゃない」

「それはわかるけどさ、将来お友達がうまく作れなくならないかなあ？」

「友達は作るものじゃなく、自然とできるもの」

「なるほどね！」

すぐに納得した恭子さんは、その日も児童館で行なわれる「親子ゲーム大会」に行く支度をしていたのだが、手にしていた水筒を戸棚にしまった。

「必要なときに必要なだけ関われる相手がいれば、なにも人間関係を友達に特化する必要はないのかもね」

と自分に言い聞かせるようにつぶやいた。

「そうだよ。逆に一人でいる強さがあれば、人は自然に集まるものじゃないかな」

迷ったり戸惑ったりする恭子さんに対し、こんな風に手を差し伸べて指針を示すことの多い勇次さんは恭子さん曰く、「典型的な理数系というかドライな人」である。

「いい意味でのマイペースでポジティブ。私より情報の整理がしっかりとしているんです」

この「不用意に情報に惑わされない」「情報は取捨選択する」という宮本家の考えかたは後々、「周りからの好ましくない影響をシャットアウトする」という意味で、子どもたちに良い影響を与えることになる。

ところで、お友達と遊ばずに大輝さんが幼稚園で興味を示したのはなんだろうか。

じつは年長さんのころには平仮名も簡単な計算もマスターしていた大輝さん。すでに3歳のときに平仮名の「読み」は完全にマスターしていたのだ。

「下の子が生後3ヵ月くらいのころから、ずっと絵本の読み聞かせを日課にしていたんですが、妹の育児優先で読んでやれなくなって。それでしびれを切らしたのか自分で平仮名を覚え始めたんですよ」

恭子さんが何度も読み聞かせていた絵本に関しては、暗唱できるくらいになっていた大輝さんは、覚えている言葉と書いてある文字を組み合わせながら平仮名の読みを覚えていた。大輝さんの興味は、家でも幼稚園でもそこにあったのだ。

「2歳からカルタ遊びをよくやっていたので、それで頭に入りやすかったんでしょう」

この光景には勇次さんも「すごいね恭子！大輝は天才だね」とびっくりする。

「まあね。私がズボラなことに感謝するのね（笑）」

と恭子さんは胸を張ってみせた。

平仮名が読めるようになった大輝さんに、恭子さんは毎日手紙を書いて渡した。

「手紙というか、簡単なメッセージですね。妹の育児から大輝が一人で布団に入るようになったので、枕元にメモを置くことにしたんです。『きょうはいもうとのめんどうをみてくれてありがとう』『またぱぱのかたをたたいてあげてね』とかですね」

他愛のないやりとりだが、手紙から大輝さんの文字に対する関心はさらに高まる。

「そうしたら自分も手紙を書きたくなったようで、最初は自分で書いた文字が読めないなんてこともありましたよ。また丁度そのころになると、幼稚園で平仮名を教えてくれるようになったので、大輝は読みだけでなく、書くこともまたたく間にできるようになりました。読んだり書いたり、一日中平仮名とすごしていた気がします」

この反復練習のような読み書きを楽しむため、大輝さんの幼稚園時代の引きこもりに近いインドア派状態は、卒園まで続いた。

## 幼児に興味の深堀りをさせてみる

恭子さんは、文字を書くことが楽しくてしょうがない大輝さんに習字を奨めてみることにした。

「毛筆が上手になれたら格好いいなーと思ったんです。今まで使ったことがない筆記用具で大輝がどんな文字を書くか興味がありました」

平仮名を書けるようになったばかりにも関わらず、大輝さんは習ってもいない漢字も書き始めた。

「これキレイでしょー?」

たどたどしく書かれた漢字を大輝さんは得意げに見せてくる。

「文字というより、模様とか図形という感覚ですね。たまに毛筆で書いた文字にクレヨンで色を塗ってましたよ(笑)。画数の多い複雑な漢字を書くのが楽しかったみたいで、自分の目についた漢字を片っ端から書いていましたね」

そして漢字に興味津々となった大輝さんが、その興味をさらに深化させることになる。

「私の実家に遊びに行ったときのことです。大輝に『漢字ない？』と聞かれたおばあちゃんが『これなら難しい漢字がいっぱい載ってるよ（笑）』そう言って、面白半分に渡したものを気に入ってしまったんです。それはお経の本でした」

これには大輝さんも衝撃を覚えた。難しそうな漢字が毛筆でたくさん書いてあるものだから、すごいと大喜び。早速、ま

ねて書き出した。

大輝さんの好奇心は止まらない。しかもお経の本なんか持ち帰ったために、家では恭子さんがひたすら額に汗して対応に追われることになった。

「なんでこれで月って読むの？」

素朴な疑問を投げかける大輝さん。恭子さんは月の絵を描きながら、

「これがお月さまでしょ？この形がこういう風に変化して、この字になったの」

などと説明する。

「まさか幼児に漢字の成り立ちまで教えることとなるなんて思いもしませんでした。『月』レベルなら、かろうじて私でもわかったものの、とてもじゃないけど、私の知識だけでは追いつかない！」

恭子さんは「でたらめを教えるわけにもいかない」と、漢字の成り立ちを知るべく図書館通いを始める。

「漢字って何万字もありますからね。全部を知るのは不可能なので、とりあえず小学校低学年で習うものから調べていきました」

漢字の成り立ちだけではない。大輝さんの「なんで？」「どうして？」攻撃は物心

ついたときから、すでに日常茶飯事。

「お母さんもわからないよー」

「おとなでもわからないのー？　おとなでしょー？」

「おとなでもわからないことがあるの」

「おとななのにわからないっておかしいでしょー？」

「大輝が蔑んだような目で私を見るので悔しくて（笑）。もう必要に迫られるたびに私もいろいろと勉強したものです」

好奇心旺盛な幼児期は、母親も毎日が一緒に勉強させられることになるようだ。

# 母親が答えに頼るのはネットではない
# 全国どこにでもある図書館を使い倒す

気がつけば、恭子さんは地元にある図書館の常連になっていた。

「どんなつたない質問でも、真剣に答えるのが私流の教育だと思っていました」

大輝さんの質問に答えたくて図書館の常連になり、「調べものの鬼」となった恭子さんだが、じつはみずからも知ることの楽しさにすっかりハマってしまう。

「なるほどねえー！そうなんだー！」

などと、いちいち感動する恭子さんの姿を見ていた大輝さんは、さらに知ることの楽しさを実感していく。

「森羅万象などというと大袈裟ですけど、周りにあるすべてのものに意味があるとわかると、日常が豊かになる気がしませんか？私はそれを大輝に伝えたいと思いました。季節の移り変わりを教えたいと思えば、大輝を公園へ連れて行き、景色の色合いの変化を目で感じさせせました」

「いろいろな色の花が咲いてカラフルだね」

「緑色がキラキラしてまぶしいね」

「葉っぱが黄色くて木が茶色で地味になったね」

などと言葉に出して確認し合う。

スーパーへ行けば、食品を片っ端からクイズにして遊んだ。

「果物と野菜に分類してみたり、尾頭付きのものと切り身のものを組み合わせたり、なんの肉なのかを当ててみたりですね」

このクイズを大輝さんは大いに気に入って、品揃えの豊富な大型スーパーへ行けば、「問題がいっぱいある！」と大はしゃぎだった。

「目の前や周りにある、何気ないものを使って知識を得ることもそうですが、質疑応答というコミュニケーションを楽しんでいたように思えます」

大輝さんはときどき恭子さんの答えに納得できない、あるいはもっと深く知りたいと訴えることがあった。

「そういうときは図書館！」と恭子さんは言い切る。

「そうですね。とにかくヒマがあれば図書館に行ってました。お散歩がてらも多かったし、雨の日はお弁当を持って一日中いたりとか。真夏や真冬は図書館に避難することで家のエアコン代を節約してましたね（笑）。無料で一生かかっても読み切れないほどの本があって、しかもエアコンもあるし、同じ目的の人がたくさんいる」

このへんは主婦らしいところ。

主婦の読み物といえば、実用書か流行小説の類かと思われたが、恭子さんは絵本を好んで読んでいた。

「大輝に読み聞かせをすることもありましたけど、私自身が読んでいて楽しかったんです。絵本って、モノの善悪はもちろん、世の中の仕組み、矛盾、不条理、疑問、真理などとけっこう哲学的なんですよね。表現はシンプルなんですけど、奥が深い。そこにハマりました。大切なことを伝えるのに難しい理屈はいらないってことを教えてもらったような気がします」

恭子さんは大輝さんの本選びを観察していることも楽しんでいた。

「周りのお子さんが車や電車、テレビアニメの本を読んでいるのに、大輝はお天気の本とか植物図鑑、計算の本など勉強っぽい知識ものばかりを選んでいたんです。知的好奇心が旺盛な子なんだと感じました。主人に似ているなとも思いましたね」

本を読んでいるうちに大輝さんが居眠りを始めてしまうこともあったが、そういうときの恭子さんは、大輝さんを膝の上で眠らせながら、自分は本を読んでいた。

「図書館でのお昼寝が日課みたいになっていた時期もあって、ブランケット持参で行ってましたよ」

まるで自宅のリビングにいるかのように、リラックスした時間をすごしていた恭子さんと大輝さんにとって、図書館は欠かせないものだった。

「周りで小さい子が駆け回っていても、大輝はスヤスヤ寝てました。お蔭でどこでも寝られる子になりましたけど」

図書館には人が集うことで、独特の空気感が生まれる。これが自宅でインターネットを使って調べることとの大きな違い。この雰囲気や空気感がやる気を誘う自然の仕組みかもしれない。またネットは手軽だが、すべてが能動的行動というわけではない。反面、図書館では自分自身で探し、手に取り、読み出すという、すべてにおいて能動的行動が必要となる。この能動的行動こそ幼少期に育まなければ、「なぜ？」「どうして？」といった探求心は生まれない。

## 幼児期に興味を示させたい「字」のつくもの

観察力が養われることで生まれる「なぜ？」は、常に大輝さんを突き動かすきっかけになっていた。

大輝さんは幼稚園入園からしばらくして、今度は平仮名だけでなく計算にも興味を持ち始めた。その始まりも「なぜ？」であった。

「きっかけは時計でした。入園してから時間という概念が生活に入り込むようになったので、時計の読みかたを教えたんです」

「大輝、今何時？」

「8時5分」

「ええっ？（バスの時間が8時15分だから）あと10分でバスが来ちゃうじゃない！」

「なんで（あと10分って）わかるの？」

「え？15引く5は10だから」

「引くってなに？」

こんな感じだった。

「ちょうどそのころの主人はフレックスタイム制だったので、朝がそれほど早くないときに、大輝と一緒に朝食を終えてから、二度寝をすることがよくあったんです。主人が『30分たったら起こして』とか言うじゃないですか？それで私が『じゃあ、何時何分ね』みたいな言いかたをすると、大輝は『それって引いてるの？』って聞くんです。『足してるんだよ』と言うと、『足すってなに？』となるんです（笑）」

大輝さんが時計から計算に興味を持ったのをきっかけに、恭子さんは通信販売で算数セットを購入した。

「時間の計算ができるようになったときに、ちょっとマズイかなと思ったんです。やっぱり十進法がわからないと話にならないだろうと」

大輝さんが一桁の足し算や引き算を使いこなすようになると、恭子さんは「数を数えるという行為には限界がある」と（数字を）書くことを覚えさせた。

「0～9まで10コだけ覚えれば、無限に使える数字を大輝は『平仮名よりも数が少ないから覚えるのが楽だね』と言って、数字や計算することにハマっていきました」

1足す9も、9足す1も答えが同じ10になることや、5足す3足す2でも10になる……ということを知った大輝さんはすぐに
「数って面白いね」

「計算は楽しい」

と言うようになった。

「絵本から始まり、2歳のときにやったカルタから平仮名に興味を持ち、本を読むのも好き、そして理屈っぽいとあって、なんとなく大輝は文系なんだと思っていましたが、じつは理数系だったことに気がついたエピソードです」


「知らないことを知りたい」

「クイズやパズル、そしてさまざま問題を解いて答えを知りたい」

このような知識欲は、すべてリアルに目に飛び込まなくては幼児には伝わらない。文字、漢字、数字といった「字」と付くものは身の周りのどこにでもあり、しかも幼児には答えがおおよそひとつしかないものだから、正解のある謎解きと同じになる。

大輝さんは幼児期に平仮名で文字を覚え、漢字で書く楽しさを覚え、数字で計算へと興味を進めていったのだった。

この文字と数字への興味やその熱中する姿から、「入学前に必要と思われる学力はとりあえず大丈夫そうだ」と安心した恭子さん。

だが、雑誌やテレビで私立小学校の入試の内容を知ると、カルチャーショックを受けてしまう。

「文字や計算よりも挨拶や生活習慣を重視したり、物事の成り立ちや分類、旬の食べ物や季節の行事など、文化的なことに興味を持たせようとする姿勢に驚かされました」

早期教育同様に興味を持った恭子さんは有名私立小学校の入試問題を取り寄せ、さらに関心を深めた。

「有名校の教育方針を垣間見た気がしました。うちのような地方は、優秀な子＝県立、成績が振るわない子＝県立は無理→私立との感覚があるので、私立でも名門校は目の付けどころが違うんだなと驚きましたね」

恭子さんの知人に東大卒のお嫁さんをもらったことを自慢していたお宅があった。

「でも、そのお嫁さんは小松菜とホウレンソウの見分けがつかなくて、間違えて買い物をしてきたという話を聞いたんです。それを思い出しましたね。別に深い意味はありませんけど……」

なににつけ、極論に達する傾向のある恭子さんは

「今の時期に必要なのは文字や計算だけではない！」

と思うようになり、生活そのものの見直しを始めた。

それは歴史的背景や文化、幅広い知識を経験とともに知ることと躾だった。

# 2章

# ルールと儀式を決め、やらないと気持ちが悪い習慣を身に着けさせる

## 唯一無二の物を選ばせ、価値観を学ばせる

幼児期が終わり、就学年齢に達した大輝さんは地元の公立小学校へ進学する。「家から通える範囲に私立小学校はなかったですし、私立中学を受験するのもクラスに一人いるかいないか。『お受験』とは無縁の地域なので、他に選択肢はありませんでした。子どもの教育に大きな投資をする予定も全く考えていませんでしたね」

学区内にある小学校へ進学するのはごく自然なことであり、当然であった。

年長組のころから就学に対する関心が高まっていた大輝さん。「学校へ行くようになったら」とか「入学準備」といった言葉が周囲で飛び交うようになるなか、子どもに興味を持たないでいろというほうに無理がある。

大輝さんの入学準備で恭子さんが一番こだわったのがランドセルだった。ランドセルといえば、学習机と並んで祖父母からプレゼントされることが多く、宮本家も夫勇次さんの両親から申し出があったのだが、恭子さんは丁重に断った。

「その理由は本人に合ったもの、本人が欲しいと思うものを吟味して買いたかったからです。ランドセルは6年間使いますし、毎日背負って学校へ通う商売道具。一番重要な学用品ですから、これは妥協できないですよ。プレゼントされてしまったら、それを使うしかないですからね。主人の両親もそこは気を遣ってくれ、『カタログを送るから好きなのを選んで』と言われたんですけど、実物を見ないとわからないじゃないですか。一緒に買いに行くとなると、やっぱり買ってもらう立場としては価格を気にして思うように選べなかったり……。ランドセルは他人任せでなく、本人に選ばせるのが基本かなと」

ランドセルは家族揃ってデパートへ行き、5万円台のもの購入したのだが、「ドケチなママにしては珍しい！」と勇次さんに真顔で言われた。

「私は普段自分のものをほとんど買わないし、子どもが欲しがるものも簡単に買い与えたりしないので、ケチに映っているんですね」

子どもと一緒に買い物へ行くたびに「なにか買ってもらえる楽しみがないと可哀想かなと思い」、恭子さんはいつもひとつだけ欲しいものを買ってあげる約束をしていた。100円以内であれば、食べ物でもおもちゃでも文房具であろうと自由に選ばせたが、ひとつという条件は譲らなかった。

「10円のものでも100円のものでも、ひとつはひとつ。唯一無二、自分に必要だと思えるものを選ばせて、価格ではなく価値観を養わせたいと思ったんです」

子ども達に、我慢することや、モノの「ありがたみ」を覚えさせる躾の要素もあったが、恭子さんが自分自身のモノをほとんど買わないのは我慢でもケチでもなく、「欲しいと思う、必要だと思うモノがないから」というシンプルな理由だった。

世の中には、溢れんばかりの多様な商品がある。けれど、それが必要かどうか、買うかどうかは消費者本人が決めるもの。欲しいという本能的欲求と、必要だと思う合理的欲求を人間はその溢れる商品のなかから、なかなか見つけられない。その失敗を繰り返すことで、消費行動をよく考えることができるようになる。目を肥やす訓練は、役に立つ。とくに主婦である母親が教えなければならない学習のひとつかもしれない。

「とは言え、やはり主人に食べさせてもらっているわけですから、浪費しづらいですよ。まして子どもが生まれてからはベビーベッドやベビータンスなど、家具が増えて家のなかが狭くなり、これ以上モノを増やしたくないのはどの家庭も同じ心境じゃないでしょうか。特に自分のモノを買わなくなったので、主人から『もしかして生活費が足りないの？ だったら遠慮なく言ってね』と言われました。実際は妊娠と出産でだいぶ太ってしまったので、お店に行っても着られる服が売ってないっていう現実的な理由もありました。大きめの服を買うのは、なんか負けを認めたみたいでイヤなんですよ（笑）。いつかダイエットして昔の服を着るつもりでいるのに、現状のサイズで服を買ってしまったら決意が揺らいじゃいそうだし、さらに自分を甘やかす気がして、新しいサイズの服を買う気にはなりませんでした」

おっとりしているように見えて芯は負けず嫌い。おまけにいささか頑固で融通が利かない。やがて宮本家の家族はその色に染まっていくのである。

## 今、目の前にあることが終わったら、次のための事前準備をする習慣

卒園式が終わると、大輝さんにせがまれて小学校までお散歩に行くのが日課となった。二人は、遠回りでもあえて通学路を歩いた。確認を兼ねてのお散歩である。

「ここは車がいっぱいとおる道だから、必ずはじっこを歩くんだよ」

「この用水路には近づかないようにね」

さまざまな危険を教える恭子さん。

「『マメねえ』と言う人もいましたが、私自身の運動不足を解消するためのウォーキングを兼ねていたので、大輝がいてくれて『ラッキー』って思っていました。自分だけなら絶対にやらないですもん」

春休みで子どもの姿はなく、シーンとした小学校は無機質なコンクリートの塊。そんな建物に威圧を感じたのか、大輝さんは「怖そうな場所だね」とつぶやき、緊張し

た表情を見せた。

「あるとき、校庭に職員さんがいらしたので『新入生なんです』と挨拶したら、敷地内に入らせてくれました。幼稚園とは違う高い鉄棒や滑り台、ジャングルジムに興味津々といった様子の大輝に、『遊んでみれば？』と声をかけました。すると『今はいい』と首を振り、『入学する前に遊んじゃったら、他の子にズルイって思われる』そう言って遊具を眺めているだけでした」

「遊びや楽しみは公平に」と言うのが大輝さんの信条らしい。

一方でリスクは念入りな事前確認が必要だ。ましてやここは文教地区でも大都会でもない。田んぼや畑、それに用水路がたくさんあるうえ、道路が都市部のようにしっかりと整備されているとは言えない片田舎。通学で交通事故や水の事故に遭う可能性もある。

さらには近隣にはゴルフ場がたくさんあり、地元の人が運転する自動車の往来ばかりではない。朝の時間帯は、都市部からやってくるゴルファーたちが急ぐように自動車を運転して通りすぎることも多い。

これから就学する子どもに、それらの危険が待ち受けていることを伝えるのは親の役目となる。

宮本家では前述のとおり「今、目の前にあることを完全に終わらせてから、次のことをやる」ということを習慣化していた。卒園式を終えたのなら、小学校入学までの間を、そのための準備期間とする。つまりこれが「次のことをやる」ということになる。

とくにこういった節目では、今までと環境が大きく変わる。それを親子一緒に予習することは大切な行動となる。それは地域リスクによる生命の危険に対する注意喚起ではあるが、そもそも小学校はなにをするところなのかを一緒に考えてみることの意義は大きい。

そのすべては、不安をできるだけ取り除くというリスクの管理にも通じる。

子どもの理解を確認できたうえでランドセルを買い与え、筆記用具を揃え、ノートを用意するのが宮本家から学べる「次へ進む」手順ということになる。

## 「道具を大切にすれば、力になってくれる」という教え

入学式を迎え、晴れて小学生となった大輝さんはとにかく学用品を大切していた。「これは剣道をやっていた主人の影響だと思います。主人は使う機会が激減したにも関わらず、防具とか竹刀の手入れを定期的にやっていました」

「道具は大事にすれば力になってくれる」といつも言っていたという勇次さんの教えを守っていた大輝さんは、ランドセルが汚れたら自分で拭き、ノートや教科書にも自分でカバーをつけて使っていた。

「カバーは包装紙を折って自分で作っていました。使い終わってもキレイなままのノートや、新品のような教科書を見ると『まったく勉強していない子』のようでした」

そう恭子さんは言うが、ひとたびページを一枚めくれば様相は変わる。

大輝さんの教科書やノートにはいろいろなことが書き込んであって、ほぼ真っ黒。教科書に載っている文字が読めないくらいになり、先生に「教科書に落書きをする

な！汚くて読めないじゃないか」と叱られた。

「本人は授業で聴き、余白に教わることを補足的に書き込んでいただけで、勉強としてのメモ。それを落書きという言い方をされて、子どもながらプライドに傷がついたのでしょうかね。『授業用にもう一冊教科書が欲しい』と言われ買いました」

それ以来、大輝さんは『授業用』と『学習用』の二冊の教科書を使うようになる。

「いつの間にかノートも二冊使うようになっていました。板書したものを書き写す専用のノートと、先生の話をメモする用のノートです」

教科書とノートを二冊ずつ広げて授業を受けていた大輝さんの机の上は、ぎゅうぎゅう。そのため、しょっちゅう筆入れを落としていた。

「その話を受けて、大輝のペンケースは布製かビニール製のものにしました。当時は缶のペンケースが流行で、大輝も欲しがってはいたものの、いつも落とすことから『大きな音をたててうるさいと思われる』と買う勇気はなかったようでした（笑）」

恭子さんには大輝さんが学校で使う文房具についてのこだわりがあった。そのひとつが鉛筆。当時、子どもが使う鉛筆は1本20円〜30円程度のものが主流。だが、大輝さんが使っていたのは150円もする高級品だった。これには訳がある。

「入学用品を買おうとデパートへ行ったときに見つけたんです。興味本位で書き味を試してみたら、それがすごく滑らかなんですよ。ボールペンのような滑らかさで、文字も上手に書け、こすっても腕や服が汚れない。しかもどんな消しゴムを使っても、綺麗に消すことができる。これは優れものだと。これなら書くときにストレスが溜まらないなと思い、購入しました」

恭子さんはそれをまとめて購入。その鉛筆は子どもが喜ぶような可愛らしいイラストなどなく、ただの紫色で地味なものだ。鉛筆にとどまらず、大輝さんの学用品は地味なものが多く、好きなキャラクターで統一する子ども達が多いなかでは浮いていたのだが、これは恭子さんの作戦でもあった。

「他愛もないことなのですが、キャラクターのイラストとかデザインに気をとられたら、勉強に集中できないんじゃないかと思いました。学校は勉強するところだから、なるべく遊びの要素は取り入れたくなかったんです。地味だったお蔭なのか、周りとかぶることもなかったし、かえって目立って良かったんじゃないかな」

小学校には「学用品には必ず名前を書く」というルールがあった。例え鉛筆一本でも記名をしなければならず、そうでないと誰のものかわからないし、落としても戻ってこないというのがその理由だった。

「私も最初はきちんと名前を書いてましたけど、鉛筆とか消しゴムなどのすぐ使ってしまう消耗品は、だんだん面倒臭くなって放っておくようになっちゃったんですね。でも、大輝の文房具は落としても必ず本人のところに戻って来ましたね。地味だったせいなのか、パッと見てすぐ持ち主がわかるから。名前を書くよりも効果的でした。消しゴムは主人が使っていたお古でしたね。家に転がっていた消しゴムを使ったら、持ちやすくてよく消えるので気に入ったようでした。消しゴムは銘柄問わずに、なくなれば買い与えていたのですが、次第に『やっぱりアレじゃないと……』と言うので、主人がネットで取り寄せていました」

ちなみに、近くに扱う店舗がなかったこの消しゴムを大輝さんは大学卒業まで愛用している。大輝さんは一度気に入ると、ヘビーローテーションする傾向が強い。

恭子さんからすると、大輝さんのこだわりというか執着がときどき理解できず、「ちょっと神経質すぎるのでは？」と心配になったのだが、大輝さんの部屋は机の周り以外は常に散らかっていたり、二日続けて同じ服を着るようなこともあるなど、それは自分のなかで重要じゃないことには無頓着だっただけにすぎなかった。

# 聴く力・覚える力を養う食卓TV

小学校入学から卒業まで、たった一日を除き、皆勤賞だった大輝さん。

「なんでそんなに丈夫なの？」

「どうやったらそんな健康な子になるの？」

と、母親の恭子さんはその秘訣を聞かれることが多かった。

「主人も私もどちらかと言えば病弱な子どもだったので、遺伝ではないと思います。健康管理としては、うがいと手洗いだけは意識していました。普段からの付き合いはないのですが、たまたま法事で顔を合わせた際に私の親戚に医大生がいて、その子から『人間の口と手はバイキンの温床』という話を聞き、それからは気にせずにはいられなくなって、翌日から洗面所にはイソジンを常備しました。それくらいですね」

しかし、それだけで皆勤賞ほどの出席率は望めない。とくに小学校でのそれは難しいことは、子育てをした母親なら誰でもわかることだ。

「気をつけていたのは早寝早起きですね。小学校低学年のうちは21時就寝で高学年になってからは22時。朝は6時起きです。成長ホルモンを促進させるために、22時～2時は寝ていたほうがいいと聞いたので、そういう習慣にしました。当時、大輝は小柄だったので、大きくたくましくなって欲しいという気持ちもありました」

とは言え、子どもの健康や成長のために、毎日最低8時間の睡眠時間を確保することは容易ではない。

「ネックだったのはテレビです。とくに19時から21時までの2時間特番なんか観ていたら、寝る前の段取りがめちゃくちゃになりますからね。原則としてテレビを観るのは夕飯の時間だけにしました。食事中はテレビを観させない家庭は意外に多いでしょう。私も一時はそうしていましたが、子どもがどういうものに興味を持って、どんな反応を示すのかを知りたいから、あえて観させるようにしました。テレビはけっこう役に立っていましたね。たまに箸が止まってしまうことがあれば、食事中であることを忘れてしまうほど大輝を惹きつけるものが映っていたとわかり、それをチェックしました。私はシーンとした食卓が苦手なので、ついおしゃべりをしてしまうのですが、テレビはネタを提供してくれますからね」

宮本家が好んで観たのはクイズ番組やドキュメンタリー。ドラマに関しては事前に内容をチェックしてから視聴させた。暴力や性的なシーンがありそうなものは敬遠したかったからだ。それは青少年に相応しくないものを制限するという意味ではなく、親と一緒に観るものじゃないだろうとの配慮からだった。

「もちろん、食事中に気まずい雰囲気を作りたくなかったのはありますね。大輝がどうしても観たいとか、逆にこっちが大輝に観させたいと思った番組は録画して、週末にまとめて上映会をやっていました。ドラマなどはリアルタイムで観ていたお友達にストーリーを聞かされてしまい、ガッカリすることもあったみたいですけど、『睡眠時間に差し支える番組は観させない』ということは徹底していました」

子どもの興味を知るためのテレビ鑑

賞は悪いことではない。問題は、恭子さんの言うように、子どもが興味を持つテレビ番組を観る時間帯だ。これは他の娯楽にも同じことが言える。近年はゲームやスマホでのコミュニティなど、大人と変わらぬアイテムを持つ子どもも多く、それ自体の活用を否定するつもりはないが、娯楽に興じる時間帯には気をつけたい。

それはかつてファミコンの出現により、大人でも睡眠時間を減らし、仕事に支障をきたしたという時代から、およそ30年間放置されてきた「自制心」と時間の使いかたの問題と等しい。

ましてや子どもなら、娯楽で自制心は簡単に崩壊してしまうものだ。

## どうせなら解答欄はすべて埋めたいと思わせるコツ

幼稚園時代までは一人で遊ぶことの多かった大輝さんも、小学校に入ると友達とすごす時間が長くなる。

「同じクラスや近所の子ども同士で集まり鬼ごっこや缶けり、空き地や原っぱで秘密基地を作ったりもしていました。行動はどこにでもいる普通の小学生です」

大輝さんがどこでなにをしていたかは、当たり前のように事後報告だった。防犯意識に乏しく無防備なようにも思えるが、これは住んでいる土地柄が幸いした。商業地でも観光地でもないこの地域は人の出入りがあまりなく、住民以外の人間はなんとなくわかるので、すぐに警戒される。また視界に子どもが入れば、自然と気に留めておいてもらえるという環境だった。

さらには子どもが悪さをしたときには、すぐ親にタレコミが入り、他人であっても叱ったり注意したりする。「古き良き時代の日本」の姿がまだそこにはあった。良くも悪くも他人の動向に関心を寄せる土地柄でありながら、まあまあ平和で、この点も良き時代の日本の象徴のような地域であった。

大多数の子どもが学校から帰ると、ランドセルを放り出して遊びに行くのが当たり前のなか、大輝さんは宿題と翌日の準備をしてからでないと外に出て行かなかった。

「褒められたいんだ！」

「優等生ぶってる！」

と友達から、からかわれることもあったが、

「そんなことないよ～！そうしないと気持ちが悪いからやってるだけだよー」

と受け流していた。

この「点数稼ぎじゃないよ」という周りへのアピールが効いたのか、大輝さんは周囲から（他の子とは違う習慣で）少々浮くことがあっても、イジメられたり仲間外れにされるようなことはなかった。

「大輝は主人譲りの神経質な部分と、私譲りの天然さを持ち併せていた子どもだったんです。勉強もまぁ好きでやっているだけで、別に良い成績を取りたいとかは本人にはないんですね」

大輝さんは低学年のころ、100点ばかり取る子どもだった。しかしそれは単に「テストの答案用紙に空欄があるのが嫌だった」から。

つまり、「回答欄を全部埋めたい→どうせなら正解したい→だから少し勉強しておこう」という発想が早くから芽生えていたということだ。

この「解答欄を全部埋めたい」という願望が芽生えるには、なにが必要なのだろうか。これには幼少期に、ささいな競争下にときどき身を置かせてみることが必要だろう。それは、勝負がつくまでやめないでやり切る環境を親が作ってあげることだ。

幼児期のころ、インドア派だった大輝さんの遊びはパズルやブロック、知恵の輪、オセロ、将棋、チェスなど、頭を使うものが多かった。それに家族がよく付き合ってあげていた。

「主人がよく付き合っていました。傍から見ていると、一緒に楽しんでいたような感じなんですけど、主人曰く『大輝の能力に応じて手加減をしていた』そうです。『大輝よりちょっと上をいく』のがポイントだったとか。圧倒的な差がつくと『どうせかなわない』とモチベーションが下がってしまうので、『頑張れば勝てるかも?くらいにしておくのがいいんだ』と言っていました」

「私もそうしようかな？」

「いや。恭子は全力で相手をしていいんじゃない？」

「もしかしてバカにしてる？」

「いや『お母さんにはかなわない』くらいに思わせたほうがいいんだよ。男は大きくなると、女性をバカにしたり、見下す傾向があるから、小さいうちから『女の人にはかなわない』と思わせておいたほうが、あとあと平和にすごせるよ」

「解答欄を全部埋める」ということは、別の見方をすれば、空欄箇所は「勝負していない」ことになる。それはあいまいな結果であり、言い訳を生み出すことにもなる。だから、それを許さない環境に身を置かせて、自発的な行動で勝負が決まるゲーム遊びが有効というわけだ。

「試験を頑張れ」と抽象的な言葉で送り出さずに、「せめて解答欄を全部埋めなさい」と言われれば、子どもは具体的にかけられた「全部埋める」という期待に応えようとする。解答欄はすべて埋めたが、一部は正解でなかったことで、「どうせ全部埋めるなら、正解したい」と次のステップへ進むことができるようになって、その結果「全部埋める」ことが当たり前となっていく。

## 子どもの用事を忘れたくない思いから生まれたホワイトボードコミュニケーション

恭子さんが子育てにあたって気をつけてきたことのひとつが、子どもがなにか聞いてきたり、頼み事をしてきたときに、

「後でね」

「ちょっと待ってて」

などとは極力言わないようにするということだった。

「ないがしろにしない」「最優先する」ことで親の愛情と姿勢を伝えたいという思いからだった。

「ただ『それが当たり前』だと思ってしまうと困ることも出てきますよね」

これは母乳で育児をしているなど、手が離せないときにありがちな悩みだ。

「例えば人と話している最中とか、どうしても中断できないときには『今○○しているから、終わってから聞く（やる）ね』と、その場で説明して待ってもらうこともあ

りました」

ここで肝心なのは「忘れてしまわないこと」である。子どもにとって用事を先送りされた挙句、忘れられてしまったらたまったものではない。

「私はとくに迂闊な人間なので気をつけていました」

そこそこの忘れん坊だという恭子さんが、「子どもに関するすべてのことはちゃんと対応してあげたい」との思いで備忘のために取り組んだことは、ホワイトボードの活用だった。

キッチン・リビング・トイレ・寝室にホワイトボードをぶら下げて、なにかを言われたり、思いついたりしたことはその場ですぐにホワイトボードにメモをした。

するとそれを見ていた大輝さんも、そばに恭子さんがいないときは同じようにホワイトボードにメモを残すようになった。大輝さんも「自分が伝え忘れたことで母親が困ったりしないように」と、恭子さんのマネをすることで、お互いが自然と都合の良いルール作りに参加していく。

それは「たとえどんなにくだらない質問でも真剣に答える」恭子さんの徹底した意識から生まれた。

「幼児期のなんで？ どうして？ といった攻撃が終わってからも、子どもの生活は『？』だらけ。小学校の2年ごろからは、『自分で調べてごらん』と仕向けましたが、あまりそれを繰り返すと面倒臭がっているとか、知らないことにはそう言う母だなどと思われるのも嫌で、ほどほどにはしていました。親が一緒になって考えることは、知識だけでなく人生を共有しているようなものです」

子どもが母親に希望を書いて伝える、知りたいことを書いて伝えるという行動は、言葉に出すことが伝達手段のすべてではないことに気づかせる良い契機である。忙しい家庭では、親子のコミュニケーションと会話以外の伝達力を養うため、手書きの交換日記などは良いツールとなる。

言葉での表現は、発する言葉のイントネーションや雰囲気を活用した話しかたができる。

「ねぇ、これ欲しいんだけど……」

と、その商品が載っているチラシを見せながらねだれば、買ってもらうためのイントネーションと具体的な商品チラシを活用した簡単な承認欲求となる。

一方で、書くという行動では、それを文字でどう表現すれば「買ってもらえる」確率を高められるかを本能的に学んでいく。

これは後にプレゼンテーション能力となって備わることとなる。

ホワイトボードやノートといったコミュニケーションツールの活用は、的確な伝達力とその理由が必要なことを学ばせてくれる。

## リビングダイニングの勉強机がもたらす安心感

恭子さんは大輝さんの素朴な疑問だけでなく、勉強についても質問される。

「4年生をすぎたあたりから、私には即答することが厳しくなりましたね。とくに算数に関しては完全にギブアップ。もう理数系の主人に任せるしかありませんでした」

宮本家では家族全員で使えるようにと、パソコンはリビングに置いてあった。それまで自室で勉強していた大輝さんも、小学校高学年からはパソコンを使うようになり、「調べ物があったときにはすぐ対応できる」と、リビングで勉強する機会が増えていく。

リビングのすぐ隣は台所。恭子さんは「勉強の邪魔をしてはいけない」と、大輝さんがリビングにいるときには、なるべく音を立てないように炊事をしていた。

「でも私はそういうときに限って、お鍋を落としたり、お皿を割ったりして大きな音を立ててしまうんですよ（笑）」

　気まずそうにしている恭子さんを横目で見ながら、大輝さんは「気にしなくていいから」と声をかけることも多かった。

「ごめんね。（大きな音を出して）勉強の邪魔しちゃって」

すまなそうな恭子さんに
「そういう気の遣いかたをされるとかえって集中できなくなるから……」

と大輝さんはクールに振る舞っていた。

　東大生のおよそ４割が受験前まで「自分の部屋ではなく、リビングで勉強していた」というデータがある。

　当然これは「親の目が届く」ことから、リビングダイニングで勉強をさせる習慣を親みずからが作ったことから始まっている。

　自分の部屋には、娯楽や趣味に関するものが置いてある。それゆえある意味、自室には誘惑が多い。そして勉強をしているように親が感じても、実際に子どもが漫画を読んでいたり、「リラックス」と称してゲームをしていたなどのシーンに遭遇すれば、親は誘惑に負けている我が子に落胆することとなる。

つまり、子どもを親の監視下に置くことが効率化をはかる最良の手段といえよう。

それでも中高生になれば、簡単には親の監視下に置けないもの。したがって、子どもの勉強に対する自主性を育まなければ、全くもって意味がない。子どもの自主性を育むには、「親が近くにいることで子どもが安心感を持つ」という環境の効果のほうが大きいと言えるかも知れない。

「そうは言ってもやっぱりこっちも気兼ねするじゃないですか？正直、『勉強は自分の部屋でやってくれ』って思っていました」

と恭子さん。

それでも大輝さんのリビング学習を黙認していたのは、「小さいころからの習慣だ

からと諦めたから」なんだとか。

「私が家事をやっているとき、よく大輝をリビングの椅子に座らせていたんですね。だからしょうがないのかなって。リビングでの勉強が効果的との話は当時も聞いていましたが、仮に『リビングで勉強させると成績が悪くなる』と世間で言われていたとしても、やめさせられなかったですね。本人のやりたいようにやらせるのが我が家流ですから」

## ママ友が話す同級生や親の話題は絶対にスルーする！

大輝さんの優秀さが周囲に知れ渡るようになると、母親である恭子さんにも注目が集まるようになる。だが、恭子さんと交流した保護者は恭子さんに対し、「思っていたイメージと違う」と口を揃える。

「周りのお母さん達には教育ママのイメージがあったみたいです。すべてにおいてキチンとしていて、参考にしたくなるようなイメージがあったのかしら？」

それがそうではなかったと、周りは期待外れの様子。

「そうでしょうね。『優秀な子どもに育てる秘訣は？』とか聞かれても、答えられなかったですからね。『ガッカリさせちゃってごめんね！』って（笑）」

少々期待はずれな部分はあったにせよ、明るくて気さくな恭子さんはママ友からの人気が高く、お茶やランチなどのお誘いが絶えなかった。

ママ友の集まりというと、他人の噂話や陰口がつきものだが、恭子さんはそれに加わらないようにしていた。

「よく知らない人に対する話題はスルーしていました。話題に上がるのは同じコミュニティの人が多かったので、なかには面識のある人もいましたけど、それが大人であれ、子どもであれ、他人に対して先入観を抱きたくなかったです」

ママ友のなかには交遊関係を利用して勧誘している人もいて、周囲から敬遠されたり必要以上に疎まれたりしていたが、「嫌なら断ればいいだけの話」と恭子さんは意に介さなかった。実害がない限りはとくに警戒せず、親しくしていた。

「お節介な人がいて、わざわざ大輝に『○○さんとは親しくしないほうがいいってお母さんに伝えて』と言う人もいましたね」

「……だってよ。お母さん、わかった？」

素直に伝言する大輝さんに恭子さんが釘を刺

した。

「○○さんを含め、誰とどう付き合おうが、それはお母さんが判断して決めることだから。その人にとっては嫌な人でも、お母さんにとって嫌な存在になるとは限らないし、他人の意見に振り回されるクセがつくと、真実を見誤ることになりかねないのよ。人間相手に予習は必要ないんだから」

要するに「世の中にはいろいろな人間がいる」ということ伝えたかった恭子さん。それは大輝さんにも伝わったようなのだが、大輝さんは
「人間には法則も正解もないってことだね」

と自分なりの返事をした。

「もっと血の通った言いかたはないの？と思いましたが、まあ、理解はしてくれたんでしょう。大輝は他人に対して偏見を持つことはありませんでした」

見かけはふわふわしているように映り、流されやすい感じを受ける恭子さんだが、自分の意見を他人に左右されない芯の強さがある。

「頑固なんでしょうね、きっと。そういうところは大輝にも受け継がれているのかも知れないけど、頑固な性格って厄介というか、周りからは面倒臭いと思われがちだか

ら、正直あまり嬉しくないんですよ。ホント、子どもって似て欲しくないところ似ますからね。でもどんな悪い噂があっても、大輝にも『あの子と付き合うな』みたいなことは言いませんでしたし、本人も普通に接していましたね。他人に対して自分から垣根を作るような真似はして欲しくないと思っていたので良かったです」

宮本家の教えは「他人を色眼鏡で見るようなことをしてはいけない」だった。

## 「なぜ」という疑問符には大いにネットを活用させよ

学校が大好きだったという大輝さん。

「勉強が好きだったんです。知識欲の塊みたいな子だったので、教わることが楽しくてしかたなかったみたい。それと本を読むのが好きで『その先が知りたい』という好奇心が抑え切れなかったようです」

教科書が配られると、すぐに最後まで目を通していた大輝さんだったが、単元が進むにつれて、ややこしくなっているのに気づいてからは、「やっぱり順番に進まないとダメだ」と反省する。それでも大好きな算数は次から次へと問題を解いてしまい、どんどん先に進んでしまう。

そんな大輝さんを恭子さんは「そんなに進んでしまっては肝心の授業が退屈になるんじゃない？」とたしなめる。だが、大輝さんは「心配しなくても大丈夫だよ」と気にも留めない。

「僕が考えていたやりかたと、先生の説明が違ったりするから、それが面白い」

「授業が理解できない子に対する先生の教えかたの工夫がすごい」

と、教える側の考えかたも観察しながら学んでいたのだ。

わからない、納得のいかないことがあると、大輝さんは恭子さんや勇次さんになんでも聞くのだが、学年が上がるにつれ、親の手に負えないこともしばしば出てくる。

「明日、学校へ行って先生に聞けばいいじゃない」

「図書館にでも行って調べたら？」

厄介払いでもするように恭子さんは言い放つが、疑問をそのままにしておくのが嫌いな大輝さんは、その言葉を聞いてさらに悶々としていた。

そんなときに助けとなったのがインターネットだった。システムエンジニアである勇次さんの仕事柄、宮本家にはかなり早い時期から家庭用のパソコンがあった。

「恭子も調べ物があったら使うと便利だよ」

と再三、勇次さんに言われていた恭子さん。

調べ物はパソコンに助けてもらおうという目論見だったのだが、肝心の恭子さんはあまりインターネットを活用しなかった。

「機械音痴ということもあるんですけど、すぐに答えが見つかってしまうことに胡散臭さを感じたんです。調べるってそんな簡単なことじゃないんじゃないかって」

疑問と同時に恭子さんは罪悪感に近いものも感じていた。

「そもそもネットに落ちている答えというのは、誰かが見つけたり調べたものですよね？それをこんなに簡単に横取りして良いものかって思っちゃったんです。安易すぎるというか……」

たしか恭子さんは「面倒臭がりであまり物事を深く考えない」タイプだったはず。それなのに好奇心は旺盛だったりするから、知りたい衝動にかられたら、調べ物の鬼になる。隠れた強さを感じざるを得ない。が、これは子どもから受けた影響なのだ。

「徹底して疑問を解く」大輝さんの姿をいつも目の当たりにしていたおかげである。

「『諸説あり』などの記述を見つけると、そっちも知りたいと思うようになりました。検証という場面でも、個人の見解だけを鵜呑みにしてはいけないという風に考えたりとか。まあ、一番の理由は便利なこと以上に物足りなさを感じたってことですかね。面倒臭がり屋のくせに、私は意外に達成感を求めるタイプのようです」

文献でもそうだが、インターネットを利用したとしても解明されない問題はある。

「答えが見つからないと大輝と一緒に悩んだり、仮説を立てるのも楽しかったです」

ちなみに関西にいる勇次さんの父親は雑学王で、「周りにウンチクをたれるの大好き」というこのおじいちゃんを大輝さんはかなり尊敬していた。なにを聞いても『打てば響くように』答えが返ってくるからだ。

「学校で習うことだけが勉強じゃないぞ」

これが口癖だった勇次さんの父親から、恭子さんもいろいろなことを教わった。

「時代背景の違いから、必ずしもおじいちゃんの言ったことが正しい答えにはならないときもあり、『あれ？』と思い、大輝と一緒にネットで調べたりもしていました。ネットでは時系列で情報を引き出すことができるので、混乱しそうなときも『時代によって考えかたや常識は変わる』ということを知ることができましたね」

一瞬にして膨大な情報を得ることができるインターネット。たしかに恭子さんの言うように胡散臭い部分もあるが、「考えかたは人によって千差万別であること」「真理がひとつではないこと」「現実は不変ではないこと」「科学の進歩によって世の中の常識がどんどん変わっていくこと」を知ることにつながるので、考えかたの幅が広がることは間違いない。

## 子どもの帰りを必ず迎える母親の声は一番の安心感

恭子さんが大輝さんに対してこだわった日常のルーティンが「学校から帰ってきたときは必ず『お帰りなさい』と出迎えること」だった。

「お疲れさま」という労いの気持ちと「帰ってくるのを待ってたんだよー」という歓迎の気持ちを示したかったからだった。

「一日頑張って学校で勉強してようやく家に帰ってきて、『ただいまー』って言ったとき、シーンとしていたら寂しいですよね。だから必ず笑顔で出迎えました」

恭子さんは外出したときも大輝さんの帰宅時間に間に合うように必ず家へ戻った。

そのために学校のスケジュールは配布プリントを確認して、早帰りの日はチェックを入れて忘れないようにした。だが、もちろんそれをすべて達成するのは難しい。

「車で移動していて工事渋滞に巻き込まれ、ギリギリになってしまったこともありました。そのときは遠くから大輝が歩いて帰ってくる姿が見えたので、『玄関へ回ったら間に合わない！』と、車を家の裏の道路に止めて、柵を乗り越えて勝手口から入りました。台所から玄関へ回り、カギを開けた瞬間に大輝が「ただいまー」とドアを開けたんです。ギリギリセーフでした（笑）」

夫の勇次さんには、「そこまでする必要ある？ 一緒に玄関から入ってくればいいじゃない」と笑われたが、恭子さんは「家のなかで出迎えたい」という気持ちを譲ることはできなかった。

「玄関で出迎える」ことにこだわった恭子さんだが、家のなかにいても、そのタイミングに間に合わないこともある。

「急に雨が降って、ベランダで洗濯物を取り込んでいたり、トイレに入っていたりとかですね」

玄関のドアを開けて恭子さんの姿がないと、大輝さんは「ただいまー」と言い続けながら、恭子さんの姿を探して家のなかをウロウロ。その声を聞いた恭子さんが家中に響き渡るような大声で「お帰りー」と言っても、大輝さんは恭子さんの顔を見るまで「ただいまー」を連呼した。大輝さんの「ただいまー」が聞こえるうちは恭子さんも「お帰りー」を言い続ける羽目となった。

「親子ともども、この儀式が終わらないと次の用事に取りかかれないんです」

この儀式は、大輝さんの「習慣となっていることはやらないと気が済まない」という性格を物語っていたが、一方で「融通の利かなさ」と「一本気すぎる」ところに不安を感じることがたびたびあった。

「大輝みたいに自分に厳しい子は、他人にも厳しくする傾向があるんじゃないかと思い、『自分の考えを他人に押し付けてはダメよ』とはしょっちゅう言ってました」

「そんなのわかってるよ」

と素っ気ない大輝さんを

「いい？自分の物差しで他人を測ってもいけないのよ」

と追い詰める恭子さん。

「それも大丈夫。僕は自分に対してだけこだわりたいんだ」

「大輝の性格は父親譲りです。主人も自分に厳しく妥協が嫌いで、会社の忘年会の幹事を任されたときなどは、候補に挙がったお店をすべて下見に行って、宴会に出すメニューを食べてくるような人です。『そんなのガイドブックでも読んで適当に決めればいいのに』と私が言えば、『手を抜いて後悔するようなことになりたくないんだ』と反論してくる。親子してこだわりが強いというか、面倒臭い性格なんです（笑）」

恭子さんは「なんでもギリギリになってお尻に火がつかないとやらない性格」だったのだが、こと子どもに対しては違っていた。

「親の不手際で子どもを困らせてはいけない」と、早めに取りかかるようにしていた。家のなかに何枚も置かれたホワイトボードは、その意識の表れのひとつ。

「それだって完璧にはできないことは何度もありました。学校の持ち物間違えや勘違い。そもそも私は子どものころ、親から『うっかり八兵衛』と呼ばれていたくらいで、どこか抜けてるところが多々ありました。というか、しっかりしていない人間でしたね。でも子育てにおいては『自分のできる範囲』で『自分なりに』やれることはなんだろうか？といつも考えていました」

「必ず子どもを玄関で迎える」という習慣を始めたのは、恭子さんがたどり着いた「子どもに安心感を持たせ、活躍できる幅を広げるため」の儀式であり、「子どもが帰ってきてホッとするのが家庭のありかた」ということへのこだわりだ。

ママ友とのランチやお茶会を抜け出すのは日常茶飯事だった恭子さん。だが、このこだわりのために、おしゃべりが弾んでいても時間になったらすぐに席を立てるように、前もって自分の支払い分は用意し、割り勘のときは先に計算を済ませていた。

「もう小さな子じゃないんだから、たまにはいいじゃない？」とママ友に呆れられることもあったが、恭子さんにとってはママ友とのおしゃべりよりも、子どもを出迎えることのほうが重要で、とても楽しいものだったのだ。

「それと『ただいま！』の声のトーンで大輝の様子もなんとなく伝わってきましたからね。『今日はなにか良いコトでもあったみたいだな』『声が疲れているけど、学校でなにかあったのかな？』とかですね」

これは日常生活で、喜怒哀楽をあまり出さず、ポーカーフェイスでいることが多かった大輝さんの感情を察知できる、唯一の瞬間でもあった。そのバロメーターがこの「ただいま」だったわけだ。

後日、大輝さんにこの話の真相を聞くと、大輝さんにとってもこの「お帰り」が「一日で一番楽になれた瞬間だった」と語った。この儀式には大きな意味がある。

# 3章

# 自主性と自制心なしには学力を伸ばせないローティーン

## 道具にこだわることで、言い訳のできない環境をつくる

小学校を卒業して、そのまま地元の公立中学校へと入学した大輝さん。中学校は別の小学校からも大勢入学してくる環境だった。人見知りのところがある大輝さんは、そのことに小さな不安を抱いていた。どんな生徒がいて、どう接してくるのか。こればかりは予習のしようがない。

だが、ふたを開けてみれば、別の小学校から入学してきた子でも席が近くなったことで親しくなり、その子からさらに同じ小学校に通っていた子を紹介されることで交遊関係を広げられ、その不安はあっという間に解消された。

部活動は「むかし、かじったことがある」という理由で水泳部を希望したが、残念ながら廃部が決定していて、次に希望した陸上部もほとんど活動していないということで結局、卓球部へ入部した。大輝さんはとくに卓球がやりたいとは思っていなかった。決めた理由は経験者がおらず、「初心者ばかりだったから」である。

「野球やサッカー、バレーボール、テニス、バスケットボールなどは少年団やクラブチーム出身の経験者が何名もいて、入部時から格差ができていたので嫌だったようです。入部したみんなと同じスタートラインに立てるところがいい。最初からハンディがあったら楽しくないという考えだったみたいですね。ハンディがあったほうが、かえって燃えるという男気は残念ながらなかったということ。『ヘタレ』かとも思いましたが、逆に同じスタートを切って、自分の腕が奮わなかったときの言い訳を封じることにもなりますので、本人なりに自分を奮い立たせるきっかけになったのかも知れないですね」

小学校時代のランドセルや筆記用具のように、道具にこだわる恭子さんは、中学生が使うものとしては最高ランクのラケットを買い与えた。

「買ってくれた人に対して言うのもなんだけど、こんな高価なもの必要だったのかなあ？『弘法筆を選ばず』って言わない？」

と大輝さんは気を遣い、少々気遅れしていたようでもあった。

「子どもが使うものに親がお金を惜しまないというのは、愛情や信頼を伝える意味があると思います。『道具は大切に使えば力になる』と主人が常に言っていましたしね」

「お前ごときにもったいない」では、子どもは道具のせいにする。うまくいかずにふてくされてしまう可能性もある。これは中学生になっても変わらず芽生える言い訳だ。

しかし「お前ならその価値はある」だったら、決して悪い気はしない。そしてできなかった言い訳をつぶしてしまう効果もある。

恭子さんもそこは織り込み済みだった。

「もちろん同時に子どもへのプレッシャーを与えることになるのも計算済みです。良い道具、使いやすい道具があれば、あとは努力して上手になればいいだけですから」

結果だけを求めるつもりはないが、「道具に見合った努力はしなさいね」というメッセージなのだ。

しかしながら、良い道具は自分自身を「はじめての経験から実力を伸ばしていくためのもの」であって、道具に依存しすぎる傾向は成長を妨げることにつながりかねない。

スポーツも勉強も腕を磨き、知識を備え、次のステップへ上るために適材適所でそれに見合う道具を使うことで、自身の成長を生み出す。

恭子さんはのちに、道具を信頼しきってしまう大輝さんに、道具の役割を身をもって教えることとなる。

## なぜTVゲームでは集中力が身につかないのか？

「子どもにとって必要なものは惜しみなく与える」恭子さんだったが、娯楽用品は別だった。その理由をこう語る。

「『欲しいと必要』は違います。おもちゃとかゲームとかどんどん買い与えていたら、キリがありません。『流行っているから（ボクも）欲しい』というのなら、3ヵ月も我慢させれば飽きる。『みんなが持っている』という理由で欲しがるのであれば、『みんなと同じものを持っていてもしかたない。むしろ自分しか持っていないとか、自分しか知らないもののほうが価値はあるし、かっこいい』と言いくるめます」

これが恭子さんの考えだ。

大輝さんが中学生のとき、宮本家には親戚からもらった旧式のプレイステーションとゲームソフトが数本あった。

「貰い物でしたから、本体がもう古いものでした。だからそのとき売っていたゲームソフトが使えなかったんです」

そんなこともあり、新たにゲームソフトを買い足すようなことはしなかった。それでも大輝さんは学校での友達との話題から、最初は興味を示し、友達から古いソフトを譲って貰うなどして、家でゲームをやることがあった。しかし学校で攻略のコツなども伝授されてしまい、大輝さんは「やり甲斐がない」とあまり楽しめなかった。それで、ＴＶゲームへの熱はあっという間に冷めてしまった。

「しかたなく、システムエンジニアの主人が趣味で作ったパソコンのゲームをやるようになりました」

最初はプレーヤーとして夢中だった大輝さんが、次第にプログラミングのほうに興味を持ちはじめ、そのころにはＴＶゲームにまったく関心を持たなくなる。

「結局どれも似たようなパターンで作られているんだよね。アレンジのしかたはさ……。一度データ化されたものは……うんぬんと難しい理屈をこねてました。主人の受け売りかも知れませんけどね。その後はパソコンゲームもやらなくなりました」

理屈と計算でなんでも分析しようとする大輝さんに対し、恭子さんは本人に「可愛くない」という言いかたをよくしていた。

「たとえばマジックを観たら、そのタネや仕掛けを探るのではなく、まず単純に『すごい!』『楽しい!』とか思って欲しいじゃないですか?エンターテインメントって、そういうもんですよね?それをわからない、なんに対しても理屈っぽい野暮な人間になって欲しくなかったんですよ」

自分には予想がつかないことから生まれる感動は素直に受ける。そんな恭子さんの思いが通じたのか大輝さんは

「人間と対戦するほうが、(コンピューターよりも)想像がつかなくて面白い」

と言い出すようになり、次第にボードゲームにはまり出した。

「とくに人生ゲームですね。家族旅行でトランプやUNOをみんなでやるのは恒例でしたが、ゲームを考えて人と遊ぶ、人と対戦することに面白さを見出したようです」

「ああ、子だくさんだから教育資金を考えないと」

「もしこの株が暴落したらどうしよう?」

「この時期の転職のリスクは?」

こんな具合に、現実の人生を想定してゲームに挑んだ大輝さん。

「おかげで大輝の人生観がわかったし、雑談をしながらゲームを楽しんでました」

近年、ＴＶゲームはポータブル化し、ネットを介して対戦できるようになった。さらにはスマートフォンを使ったゲームのアプリ化によって、スマホゲームが主流になった。かつてテレビを視聴することは「寝ることの次に簡単で楽だ」と言われたが、「いつでも、どこでも、誰でも」スマホさえ持てばできるスマホゲームは、テレビをはるかに上回る手軽さを持つ。今や「テレビばっかり観ていないで勉強しなさい」というフレーズは、「スマホばかり……」に置き換わったのかも知れない。

かつてテレビ視聴がそうであったように、「スマホも集中力が養われているのでは？」と淡い期待の声もあるが、答えはＮＯだ。なぜなら、これからゲームをするというのは能動的行動だが、ひとたびゲームが始まれば、そこからは受動的に変わるからである。ゲームは速度との闘い。そのシーンでの反応の良し悪しが結果であり、考えに考え抜いた答えではない。左脳ではなく、右脳の世界なのである。

集中力は「解く」、あるいは「相手の動きを読んで自分の動きを決定する」などの能動的行動のなかで、必要とされる力である。行動のなかで必要とされる集中力とは、その目的のために瞬間に発揮する知識を蓄えることや、腕を磨くための訓練の積み重ねからしか生まれない。

## 書くという反復

コンピューターを使ったゲームに飽きてしまった大輝さんであったが、中学時代にはパソコンを使う頻度が増えていった。

「携帯電話を持たせていなかったので、お友達とメールをするのによく使っていました。それと調べ物ですね。でも勉強で一番パソコンを使っていたのは、文章を書くためでした」

中学に入っても、成績は優秀そのもの。同級生からはパーフェクトな人間だと思われた大輝さんだったが、じつは文章を書くことが苦手だった。作文の宿題などは起承転結に悩んではまとまらずに失敗し、何枚も原稿用紙を無駄にしていた。

「よく執筆に悩んだ作家さんが机に向かったまま原稿用紙を丸めてポイッと投げ捨てるシーンとかあるじゃないですか？まさにそんな感じでした（笑）」

その姿が面白かった恭子さんは、大輝さんの後ろでゴミ箱を持って待機。大輝さんが投げた原稿用紙をゴミ箱でキャッチして楽しんでいた。

「パソコンを使うようになって、ありがたいと思ったのは、『これで原稿用紙を無駄にしないで済む』ということでしたね。文章の訂正とか、入れ替えが画面上で簡単にできるってすごいなと思いました」

パソコン上でようやく完成した文章を大輝さんは原稿用紙に清書する。

恭子さんは思わず
「プリントアウトまですれば簡単なのに……」

と叫んでしまう。

「宿題なんだからそういう訳にいかないでしょ?　そもそも直筆のものじゃないと本人が書いたかどうかわからないじゃん」

「そっかぁ」

恭子さんは大輝さんの言葉に、野暮なことを言ってしまったなと力なく答えた。

「それでなくても大輝は実際に文字を書いてみないと、文章を作った実感が湧かないと話していました。パソコンを使ったプログラミングに興味を持ち、難しい言語で『あーでもない』と話すのに、一方でワードを打ち込むだけでは文章を完結でき

ずに、みずから手書きで書かないと実感が湧かないと言うものだから、訳がわかりません（笑）」

じつは、大輝さんの「なんでも書いてみる」という手書きする行動の原点は、幼児期の漢字に興味を持ち始めたところにある。それは書くという行動で理解する、吸収して自分のものにするのがすでに備わっていたということだ。

さらにお経の本と出合い、そこから写経までしていたという大輝さんが、中学生になり、神社仏閣に興味を持ったことも、自然な流れだったろう。パソコンで神社仏閣についての調べ物をする機会も多かった。

「大輝の興味は多岐にわたっていました。数学の難問を解くことも、知らない漢字の読みかた、書きかたそして歴史やプログラミングへの興味、さらには卓球というスポーツまでと広範囲でした。それらは、すべてに書くという行為なしには上達していませんでしたね」

今や、作家でもパソコンを使って文章を作る時代だ。それはそのほうが合理的であるから、利用する作家が増えて当然である。

それでも慣れ親しんだ手書きの手法が合う作家もまだまだたくさんいる。

それは人それぞれの習慣から生み出される「考える手法」であり、その方法論にひとつだけの明答はない。

では、なぜ子どもの学習は手で書くことがいまだに主流なのだろうか。

それは大人と違い、脳の発育の途中にあるからだろう。手で書くことで大きく知識が刻み込まれ、手で書くという行動体験をともなうことで、それを自分のものにしやすくなるからだ。

## こだわった道具との訣別は親が引導を渡す

お守りなど「これさえあれば大丈夫」というグッズの存在は心強いし、ゲン担ぎにもなる。反面、万が一それを忘れてしまったり、手元になかったりした場合、逆に動揺を招いてしまう、諸刃の剣という側面もある。

「部活をきっかけに始めた卓球でしたが、大輝は腕をぐんぐん上げていきました。でも次第に『このラケットのおかげだね♪』とか『これがあれば大丈夫!』が口癖みたいになって、道具への依存度が大きくなっていったのです。この『モノへのこだわり』は本人の安心感をもたらす意味では有効なのですが、それが妙なこだわりに変わってしまうと、それがなければなにもできないとなって、自立を阻害してしまうのではないかと感じていました。大輝は頑固でこだわり派ですから、余計そう思えたのです」

ここで恭子さんは暴挙に出る。

「危機感を感じた私は卓球の試合の日に、こっそり大輝のラケットを別のものにすり替えました。最後に頼りになるのは道具ではなく、自分自身だってことを自覚させるためですね」

普通、そのことが発覚したら、当然本人は激怒するし、場合によっては母親との信頼関係が崩壊してしまいかねない。さすがにそこまでしなくてもいいのではと思えるが……。

その試合を観に行った恭子さんは、大輝さんの行動をしっかりと観察した。

「最初はかなり動揺していましたけど、すぐにいつもの調子を取り戻していました。試合の成績は別としても、いつも依存していたラケットではなくとも、いまの実力相応は発揮できたようでした。そこから『どれだけ支えになっていたとしても、道具は道具でしかない』とわかったみたいです」

これが道具への過度な依存の卒業式となった。

「でも、そういう拠り所があったおかげで自分が向上できたのも事実です。それが例え物であれ、道具であれ、それに対する感謝の気持ちを忘れてはいけないと思うんです。そういう歴史の積み重ねに報いたい、恩返ししたいと思える気持ちがあれば、そのこだわった道具が使えなかったとしても、頑張れるってことです」

いつまでも捨てずにいる使わないおもちゃ、文具……。それらは子どもの成長を支えてきた道具ではあるけれど、さらなる成長のために、感謝を持って断捨離すればいい。「こだわり」を執着ととらえると、「融通が利かないのでは？」となってしまいがちだが、「そのこだわりは積み重ねた実績」と考えれば、過去のものとして、今を柔軟に対応できる自分につなげられるものだ。

のちに大輝さんが高校受験態勢に入ると、恭子さんはバラエティショップで「必勝」と「合格」と書いた鉢巻を購入し、「これで頑張って！」と大輝さんに差し出した。

大輝さんは「そういうことね」と、笑いながらそれを受け取った。

「使っていたのは『合格』のほうだけでした。『必勝は受験勉強以外にも使い道がありそうだから』と、とっておいたみたいです」

恭子さんからのエールがこもった鉢巻は、大輝さんのモチベーションを高めるのには役立ったようだが、

「試しに鉢巻をしないでいたら、勉強が全然はかどらないんだよね」

と大輝さんが言ったとたん、恭子さんは「ハッ」としてしまう。

「しかしながら、もはやお守り程度の安心感だったようで、この鉢巻は模試を受けるときや入試などにも、カバンのなかに持参していました。ゲン担ぎ用としてしのばせていたようで安心しました」

# ダメ親・ヌケてる親と思わせれば、子どもは自立する

中学生になると男の子の場合、反抗期を迎える時期だ。だが、恭子さんが覚えている限り、大輝さんに反抗期らしいものはなかった。

「気がついてないだけかも知れないですけどね（笑）。主人に言わせれば、『お、反抗期か？』と思ったことは何度かあったそうです。バレンタインデーの時期に『チョコ貰えそうか？』って聞いたら、『知らないよ。そもそも学校にチョコ持ってきちゃダメだから』って冷たく言われたとか。お風呂の順番待ちをしていた大輝に、『お母さんと一緒に入っちゃえばいいじゃん』と言ったら、『おとうさん、バカじゃないの？』と睨まれた。まあ、そんな程度ですけど」

そんな大輝さんが恭子さんは心配でならなかった。

「反抗期がないのっていかがなものか？って。反抗期って発達過程じゃないですか？幼少期なら自我が芽生えてきた証拠だし。それが10代になると、親離れの証だと思う

んですよ」

息子の反抗期に手を焼いた経験のある母親にとっては贅沢な悩みのように思えるが、恭子さんは力説する。

「世の中って理不尽なことだらけですよね？ 矛盾した大人も大勢いる。それに対して、反発する気持ちが起きないっていうのは怖いことですよ。まして大輝は小さいころから、疑問とか納得のいかないことを放置できない子どもだったから、『ババア、うるせえよ！』とか『オヤジ、うぜえ！』とかあってもいいんじゃないかなって（笑）」

この点について恭子さんがのちに成人した大輝さんに確認したことがあった。

「なんで反抗期がなかったの？」

「うーん、反発したいっていうか、イラつくってことはそりゃあったけど、反発する理由とかイライラの原因とかを自分のなかで追求していったら、『別に態度に出さなくてもいいんじゃないのか？』って考えちゃったんだよね」

「なんか、冷めててつまんなくない？」

「そうかな？ なかにはあからさまに反抗期をアピールしているような友人もいたけ

ど、先生とか親が困ったり、ショックを受けたり、不快そうにしているのを見たら、『お母さんにこんな顔をさせるのはイヤだな』って思ったんだよね」

「あら、それはありがと。でもお父さんには反抗的な態度とってなかった？」

「ああ、それはポーズ。なんか、お父さんは僕がそういう態度を取

ることを期待してそうな雰囲気があったからさ。だから空気を読んだの」
お母さんの困った顔を見たくなかったから反抗しなかったとは、母親としては涙が出るくらい嬉しい台詞である。
「そうですか？私は面倒臭かっただけじゃないかって思っていますよ。主人からプロポーズされたとき、『君がずっとニコニコしていられるように頑張るから』って言わ

れたんですよ。その言葉どおり、主人は私や子ども達が安心して暮らせるように仕事も団欒も頑張ってくれたので、感謝の意味もあって暗い顔はしないようにいつも心がけていたんです。とくに子どもの前ではヘラヘラしていることが多く、深刻そうな顔をしたことがあまりなかったので、私が真剣に困っているような顔をしたら、『フォローのしかたがわかんねえ』って思ったんじゃないですか？」

いつもニコニコしている母親の「困った顔」はたしかに破壊力がありそうだ。

「それか、私が鈍いし、どこかヌケてるから、反抗のしがいがなかったのかも知れないですね（笑）」

これが親の鈍感力の賜物なのか。

しかし反抗期らしいものがなかったとは言え、大輝さんが恭子さんの言いなりだったかといえば、もちろんそうではない。

## 外食より母親の料理が好きだと言わせる家庭が学力を伸ばす

家族揃って出かけることが恒例の宮本家だが、外食する機会は少なかった。

「地元の美味しいラーメン屋さんに年に何回か行くぐらいでしたね。外食を好まなかった理由は家族のなかでも意見がさまざまです。『落ち着かないから』とか『自分でメニューを決めるのが嫌だから』『家族で同じものを食べたいから』『飽きるから』などですかね。あっ、『お母さんの料理が美味しいから』っていうのもあったな（笑）。理由は違えども、主人も子ども達も家での食事がいいというのは同じ考えです。『飲食店のメニューはレシピが決まっているからいつも同じ味だけど、お母さんのメニューは毎回味が違うから飽きない』って主人は言っていました。たしかに私の味付けは目分量が毎回適当なので、同じメニューでも同じ味にはならないんですよ」

大輝さんは「お母さんの料理は一期一会ってことだね」という言いかたをした。

「同じものを二度と作れないっていう意味？」

「ひとつの料理に無限の可能性を秘めているってことだよ」

あえてわざとらしい言いかたをして恭子さんをからかっていたようだ。

「私自身は、どの主婦とも同じで『たまには他人の料理を食べたい』と思っていましたので、ママ友とランチに行き、新しいメニューの参考にしてましたね」

大輝さんの朝は、十分な睡眠が取れて目覚めもよく、朝食をしっかりと食べて元気に登校していた。恭子さんは子ども達に「出されたものは全部食べる」という習慣をつけていたので、大輝さんは朝食をいつもキレイに平らげてから学校に行っていた。

「朝食はパンでもご飯でも、そのときの気分や食材で私が決めていました。私の実家では『果物は朝食べれば金・昼なら銀・夜は銅』が口癖の父の希望で、朝食には必ずフルーツが出されていました。私も朝食にはそうしていました。ちなみに栄養学的にそれがどういう効果があったかは、今もって理解していませんが……」

小中学校では近所の生徒達数名とグループで登校していた大輝さん。集合場所が家の前ということもあって、恭子さんは毎朝外に出て見送るのだが、大輝さん以外の子ども達はみんな疲れた顔をしていて、暗い顔でうつむきがちに歩いていたのが気になっていた。

「それで聞いてみると、夜更かしをする子どもが多かったんです。テレビやゲームに夢中になっていたり、塾や習い事だったり、親御さんの帰りが遅かったと、理由はいろいろでしたが、その子ども達に共通していたのは、朝ご飯が入らない、美味しく食べられないということ。やっぱり十分な睡眠をとって、前の日の疲れをリセットしないと、今日のパワーは出ないのだと思いました」

じつは子育てにおいて恭子さんは、食事と睡眠をしっかりと取ることにかなりの労力を使っていた。とくに家族の食生活には気を遣っていた。

「メニューは野菜が中心で旬のものを多く取り入れるようにしていました。地域柄、旬のお野菜は近所の農家さんから分けてもらえたので経済的でした。季節外れのものを使うより栄養価が高いので、一石二鳥でしたね。もちろん、肉や魚も手に入るものはまんべんなく食べさせました。私はなんでも食べます。好き嫌いがないというのはすごく幸せなことだと思い、子ども達にも偏食にならないように工夫しました」

その工夫は母親の技量が発揮されるところだが、恭子さんが気遣ったのは、食材や料理に対して先入観を持たせないよう、「まずそう」「臭い」「食べにくい」などのネガティブな発言はしないことだった。

「栄養バランスや旬を理解させるために、あえて子どもの口に合わないものも作りました。ぬた、塩辛とかセリの天ぷらなどですね。出されたときに子ども達はイヤそうな顔をしましたが、『そういう味を楽しむための料理（食材）なんだ』と理解させました。ゴーヤは苦いですけど、『その苦味を味わって食べるんだよ』とかですね」

宮本家が住む地方には「しもつかれ」という郷土料理がある。2月の初午の日に食べる風習がある。お正月の新巻き鮭の残りや大根、人参といった根菜類を「鬼おろし」という専用のおろし金で擦り下ろして酒粕で煮るという独特なもの。

「見た目も臭いもグロいんですよ。はっきり言うと『酔っ払いの吐しゃ物』（笑）。でも栄養があるし、身体も温まるので毎年必ず作りました。躊躇する子ども達には『縁起ものだから』と説明しました。我が家では『縁起物』と『初物』はありがたい食べ物と教えていたんです。プレミア感を出すことで拒否しにくい雰囲気になるんじゃないかと（笑）」

恭子さんが家庭で出された食事に対して家族にNOと言わせないのは、「自分の好みに合わないものを否定したり排除するのではなく、認めて尊重して受け入れる」ということを食材を通じて伝えたいとの思いからだ。知識の食育もまた、学びなのだ。

## 食事で自制心を養う

家庭料理は、それを食べる人のことを考えて作る。これは主婦なら当たり前のことだろう。つまり、バランスのとれた食事に気を遣っているということになる。中学生なら、外食やインスタント系での栄養バランスなどは、食べたいその場で理解できるはずもない。さらには時間バランスも家庭で食べるのと、外食では大きく違う。この点でも家庭料理が勉強に与える影響の大きさがわかるだろう。

大輝さんは中学2年生になるまで、カップラーメンやインスタントラーメンを食べたことがなく、レトルト食品とも縁がなかった。

「冷凍食品もピザくらい。これは私の好みの問題でした。だから家に買い置きがなかったので、食べる機会がなかったというのもあります」

友達の家で初めてカップラーメンを食べたという大輝さん。

「けっこう感動していたようでしたが、『思ったよりまずくなかった』ことに驚いただけであって、『好んで食べたいとは思わない』と私に話していました。中高生になると、外での買い食いの機会も増えるので、友達と学校帰りにファストフード店で食べてくることもありましたが、『やっぱり飽きる』と言って、必ず家で夕飯をきっちり食べていました」

日常から栄養バランスを気にしていた恭子さんだったが、こうなると今度は摂取するカロリーも無視できなくなってくる。

「それで『学校の帰りになにか食べてくるときは連絡して』と大輝に言いました。買い食いはハンバーガーやポテト、チキンなどの揚げ物がほとんどでしたから、家ではそれらを作らないようにしたんです。食事での栄養の吸収は最大で50％となにかの本で読んだことがありましたが、それでも油ものは別と考え、最低限の摂取カロリーを超える程度にと考えました」

結果、宮本家の夕飯は必然と野菜や魚を中心としたヘルシーな和食献立が増え、そのお蔭で勇次さんはメタボ知らず。大輝さんも妹もスレンダーな体型だった。

「ママ友からは、私の体型を見ながら『子ども達の分までアナタが食べてるんでしょ？』ってよく言われました。同じものを食べているのにね」

「料理は見様見まねか自己流」で通してきた恭子さんだが、大輝さんが受験体制に入ると、それに備えて『受験生の夜食』についてのレシピ本をこっそり購入している。

「でも残念ながら、それを使う機会はありませんでした。大輝は朝方勉強する派だったので、夜食を作る機会がほとんどなかったんです。試験勉強で寝不足になって学校へ行ったときは『お腹がいっぱいになると眠くなっちゃうから』と、午後の授業に備えて給食を食べないこともよくありました。でも食事も生活の一部なので、だったら本人のペースに任せようと、食事のとりかたには口を挟まずにいました」

一方で、「勉強に差し支えないように」と、常に食事は腹八分を心がけていたという大輝さん。なにをしていてもお腹が空いてしまう育ちざかりの中学生活でも、満腹になるまで食べるのは試験が終わった日か、たまの週末の夜くらいだった。

受験を控えた子どもは、運動不足やストレスから体重が増える傾向がある。当然と言えば当然なのだが、大事なのはコントロールしてあげる家庭のサポートだろう。これは大人向けのダイエットのプログラムがそうであるように、当然のごとく子どもの受験体制には健康管理者は必要になる。

反面、母親は子どもの健康管理のサポート役しかできないことも、伝える必要がある。つまり子どもが自分自身で食を抑制することの必要性も理解させるべきだろう。

これが食から学び発展させる「自制心の強さ」につなげることとなる。

「誰に言われるまでもなく、必要だと思えば自制する」

これは恭子さんが大輝さんを一番評価していることである。

「大輝は頑固だけど決して我儘ではない。私は常にそう思っていましたので、どれだけ大輝の意思を尊重しても『甘やかしている』と考えたことはありません」

## 教科書には載っていない現場で起きる問題を自分で解決させる

大輝さんが中学2年のとき、クラスでイジメが起こる。ターゲットは転校生のT君だった。

「ウソをついたり、いい加減なことばかり言う」「決まりや約束が守れず集団行動ができない」などの理由で、周囲から浮いてしまっていたというT君。T君の保護者も「前の学校でも同じような感じだった」と話し、自分の息子の行動が普通でないことは理解していたようで、T君の母親は頻繁に学校へ呼び出されては先生に相談。学校行事のときは「いつもウチの子がご迷惑をおかけして」と父兄に謝罪して回っていたT君の保護者に対し、恭子さんは「謝る必要などないのでは?」と感じていた。

同じクラスにいた当の大輝さんはというと、T君に対して「なぜあんな行動を取るのだろう」と興味を持ち始め、あえてT君と行動を共にするようになる。そしてT君をサポートしたり、かばったりしていた。

恭子さんは「いじめられっ子の味方をすると今度はその子がいじめられる」ということを心配していたのだが、それは取り越し苦労に終わっている。

「そのころの大輝は成績も上位でしたし、運動もまあまあできて、品行方正な生徒だったので、先生や保護者の覚えも良く、イジメの対象になりにくかったようでした」

通常、できの良い生徒というのは周りから反感を持たれがちなのだが、だからと言って大輝さんが天狗になるようなことは決してなかった。それに恭子さんも教育ママというイメージは全くなく、いつでも誰に対しても気さくに振舞う「どこにでもいる普通のお母さん」という印象。例え「凄いね」「羨ましい」と保護者から絶賛されても、威張ったり謙遜したりということもなく、ごく普通に接していたからか、妬まれたりやっかまれたりしないで済んでいたのだ。

大輝さんが行動を共にするようになってから、T君へのイジメはおさまったが、ある日、大輝さんは家で唐突に「T君は病院に行ったほうがいい」と言い出した。

「彼の問題行動は性格からじゃなくて、病気だと思う」

「そんな失礼なことを言ってはいけません」

「なんで？病気だったら治さないとダメでしょう？」

「どういうこと？」

「もしかしたら、彼は自閉症じゃないかと思うんだ……」

大輝さんはT君の行動や特徴に注目し、自分なりにパソコンで調べた結果、そう判断したようで、そこまでの経緯を丁寧に恭子さんに説明する。

「自分なりにキーワードをいくつか整理して、絞り込んでいったようです。ネットってひとつの疑問に対して、どんどん結果が展開していくじゃないですか？そうやって自分の仮説を裏付けていったみたいですね。これはインターネットでなければできなかったことだと思います」

大輝さんのやることには必ず意味がある。そう信じていた恭子さんだが、「間違いがない」とはさすがに言い切れない。

「だから大輝から頼まれて、T君のご両親に話をするときはむちゃくちゃ気が重かったです」

恐る恐るT君の保護者に大輝さんの考えを伝え、病院に行くように奨めた恭子さん。

「いくら、ウチの子どもが問題児だからって、精神病扱いするなんて……」

T君の保護者は不快そうな表情を見せた。想定はできたが、あらためてそう言われると、どうしていいものか……。そこに思いがけずT君本人が
「大輝君が言ってることに間違いはないと思う」

と言い出し、その後T君は専門機関を受診する。

T君の保護者にもそう思うところがあったのかも知れない。

「病院では最初『発達障害』のようなものと言われたそうですが、その後『ADHD』と診断をされたみたいです」

T君の保護者は「あのとき病院に行けと言われてなかったら、ずっと躾や性格に問題があったのかと自分を責め続けていました」と、恭子さんと大輝さんに感謝の言葉を述べている。

そもそも大輝さんがT君の行動に興味を持ったきっかけは、T君が周囲から非難されている自分の態度や行動を「直さないのではなく直せない」と本人が言っているのを聞き、「不可抗力ってこと？なぜ？」と疑問に思ったことだった。

「教科書に載っているのはわずかなことですし学校で教えなくても大事なことは沢山あります。日常の疑問を追求するのは良いことだと思います」と恭子さんは語った。

# 中学生でのマザコン男子は学力向上の近道

大輝さんは人間関係にも恵まれていた。

「どんな辺鄙な田舎でも、ヤンキーとか不良と呼ばれるような子は必ずいますよね。うちの地域も例外ではありませんでしたが、大輝と関わることはなかったです。私が学校の役員などを率先して引き受ける母親だったので、『教育ママがいて、家が厳しい』と思われていたみたいですね」

恭子さんが好んでＰＴＡの役員を引き受けたのには理由がある。

「専業主婦なので、そこそこ時間はありました。また学校が家から近かったこともありますが、『先生や学校という組織に入り込むことで発言権を得たい』という気持ちが強かったんですね。なにしろ親バカなので、なにかあったら、学校に文句を言いそうになってしまいます。そのときにモンスターペアレント扱いされないように、学校に顔を利かせておこうという作戦でした（笑）」

中学生といえば、反抗期だけでなく思春期も迎える。多くの親を悩ませたり、心配させたりする男女交際についても付きまとう時期だ。だが、こと大輝さんは無縁だった。

「彼氏や彼女、付き合うとか告白するみたいな話はよく耳にしていましたが、大輝は興味がなかったようでした。男友達との交流、部活や勉強で手いっぱいでしたし、学年でもわりと好感度が高かったようなんですが、女子からはモテなかったみたいですね（笑）」

当時の写真を見せてもらったのだが、大輝さんは目がぱっちりして鼻筋のとおった結構なイケメン。そのうえ勉強もスポーツもできたのだから、はたから見れば最強という気がしないでもなかった。

「いやいや、大輝は落ち着きすぎていて、『おっさんぽい』んですよ。そのころの写真だって、これはどう見ても年上ですよ。

それだけじゃないんです。大輝がモテなかった理由は『ダサかった』から。さらに『マザコンの噂があった』からなんです」

なにもすべてをその時期に揃えたり、備えたりする必要はないが、見た目が9割と言われる時代だけに、その顔立ちの良さなら噂になったのではと感じられなくもない。

「ダサいと言われる所以は全体の見た目です。親の口から言うのもなんですが、たしかに大輝は顔立ちや体型は悪くありません。ただ、身なりをまったく構わないんです。寝ぐせのまま平然と登校するし、Yシャツに給食の食べこぼしがついたままでも平気。私服もジャージが基本で、それ以外だと夏はTシャツにジーパン、冬はトレーナーにジーパン。『お腹がスースーするのが嫌』とトップスは常にズボンにインという状態。柄もチェックか英字ロゴのみ。ブランドや人気ショップで売っているファッションセンスのあるものにもまったく興味がありませんでした。衣料品はすべて、近所にある『しまむら』で購入したものを着ていました」

なるほど中学生となれば、洋服のセンスや好みを含めて同級生を判断しても不思議はない。カッコ悪いかどうかすら全く気にしないとなれば、端正な顔立ちでも、成績優秀でも、この時期の異性の注目しているところは別にありそうだ。恭子さんはさらに続ける。

「それとマザコンという噂は、よく私と一緒に出かけていたからだと思います。でも大輝が買い物についてくるくらいなんですけどね。荷物持ちもしてくれましたので、私としては助かっていたんですけど、本人は『なにか好きなものを買ってもらえるから』という子どものような理由からでした」

自分の息子がマザコン呼ばわりされることに抵抗のない母親は意外と多い。

「むしろ母親冥利につきますよ」

と恭子さんも賛同する。

反面、女性から敬遠されることで、子どもの将来を少しは心配してしまうものだ。

それでも、この時期にモテる子どもが必要かといえば、学力の向上のほうが必要というのはわかりきった答えだろう。

## 中学生の子どもが親を排除することに遠慮はいらない

大輝さんの部活の試合の日。

「観に行くからね！」

「恥ずかしいからやめて！」

「えー！（いいや、行っちゃおう！まさか帰れとは言わないだろうし、行ったもん勝ちだよねー）」

「今、行ったもん勝ちとか考えてたでしょ？ダメだからね」

大輝さんには恭子さんの考えはお見通しだった。

「私は考えてることが顔に出るからわかるんだそうです（笑）」

これも子どもをいたずらに不安にさせない秘訣だろう。

この日、大輝さんは選手から外されていた。納得のいかないような顔をしていた大輝さんに、恭子さんは「顧問の先生に理由を聞いてきなさい」とハッパをかけた。

しかし大輝さんは

「かっこ悪いから嫌だ」

とそれを拒否した。

大輝さんの反応はごく当たり前のものだが、このころの恭子さんは、大輝さんが反発するのをわかっていながら、あえて大輝さんが嫌がるようなことを口にする。「親の顔色をうかがう子どもにしないためです。子どものダメ出しに親がしたがえば、子どもは自分が大人になったような気になるんじゃないかと」

自分のことは自分で解決してみる。「これは僕の問題だから」「親の入る余地はない」といった場面に遭遇したら、「遠慮せずに親を排除しなさい」という恭子さんなりのメッセージだった。

「私はけっこうな親バカです。これから思春期を迎える息子に対して、配慮に欠ける行動を取ることもあるんじゃないかと危惧していました。『お母さんが暴走するようなことがあったら、アナタが止めるんだよ』と下駄を預けた感じですかね」

大輝さんの親離れを期待し、自分自身の子離れも覚悟する。これは大輝さんが中学生になったときから、恭子さんが考えていたことである。

「幼児のときは後ろをついてきた子が、小学生になったら追いつこうとし始め、中学に入ったら隣を歩く、高校生からは親を追い越すようになる。私は子どもの成長を身長や風貌に現れたとおりとなっていくとイメージしていました」

小学生では小柄なほうだった大輝さんも、中学生になれば恭子さんの身長を追い越すようになる。中学生では20センチ以上は伸びた大輝さん。

「目線が同じくらいになったころからお説教をしづらくなりました。見上げるようになってからは『このポジションではナメられてしまう』と思ったので、それでも叱ったり注意をするときには、椅子の上に立って大輝と話しました」

「大輝、ちょっと」

と言いながら、リビングから椅子をズルズル引きずってくる恭子さんに、

「それ必要?」

「うん！絶対必要！」

「くっ……くく」

大輝さんは笑いをこらえている。

「何で笑うの？これは親としての威厳を保つためなんだからね！」

「ああ、なるほど。そういうのって大事かもね」

「それでも大輝は私の体重には全然追いつかなかった分、威厳がたもてたのかもしれませんん（笑）」

自分に降りかかった問題や納得のいかないことを、まずは自分で解決してみる。そんな行動を身に着けることで、学力に対しても「いつまでも子どものままではいけない」と目覚める。

少し大人になった自分がいれば、進んで学力を身に着けるものだ。

## 東大合格は中学生での能動的行動の多さで決まる

物心ついたころから「なんで？どうして？」と知識欲の強い子どもだった大輝さん。中学生になっても、娯楽ではパズルやクイズが好きだった。「知らないことを知る」「覚える」「問題を解く」といった行動を楽しんでいた。

「机に向かっている大輝に、まだ幼児だった妹が『勉強楽しい？』と聞いたら、『楽しいよ』と答えていましたね」

宮本家では、雨の休日といった暇なときには家族揃って、図書館に行くことが多かった。

恭子さんは「勉強は嫌いだったけど、本を読んで知識を仕入れるのは好き」で、勇次さんは「勉強は嫌いじゃなかった」人。大輝さんも妹も本はよく読んでいた。家族の娯楽は読書でつながっていたのだ。

「ショッピングモールに行ったときは、必ずと言っていいほど本屋さんに立ち寄って、金額に関わらず、欲しいと思った本は必ず買いました。それは家族の誰に関わらず、でしたね」

それでも宮本家は、みんながすぐに買った本を読み終えてしまう。そこで節約を兼ねて図書館で読書をすることを楽しみにしていた。

「読書の傾向としては、主人は歴史小説、私がドキュメンタリー系、妹はSF・ファンタジー系の小説を好んでいました。大輝は推理小説やミステリー系に興味がありましたね。図書館では、家族全員お弁当持参で6時間ぐらい、それぞれが読書に耽っていました」

前述したように、読書ほど格安で手軽な能動的行動はない。スマホゲームやTVゲームを楽しむ人が多い時代ではあるが、これは受動的行動であって、自分から進んで文字を目で追いかけながら本を読むといった能動的行動とは明らかに違いがある。この読書の習慣をこの時期に身につけているのと、そうでないのは大きな違いとなる。

大輝さんの推理小説やミステリー小説好きの傾向は、これまでの話ですぐに理解で

きるだろう。キーワードは「謎を解く面白さ」である。

ここで重要なのは、その小説の謎を解くための「気づきの切り口」だ。推理・ミステリー系には他人とは違う気づきの切り口が必要だ。書き手側も、誰にでもすぐに見破れるストーリーでは飽きられてしまうことを知っているから、気づかれないように展開させていく。ごく普通に読んでいくだけでは、その答えは最後までわからない。

書き手との心理戦に勝つには、あきらかに他人と違う視点つまりは、別の気づきを養わなくてはならない。興味に対して躍動的な読書こそ、気づきを育むのにはピッタリなのだ。

この「気づきの切り口」は、生活のなかで、さまざまなことにも応用される。

「小学校のときでしたが、大輝がリレーの選手に選ばれたんです。ウチは足の速さは遺伝で、町民運動会では主人も私も選手でした（笑）。大輝が『リレーはバトンタッチで決まる』と言い出して、チームのみんなと昼休みや放課後に『バトン渡しだけの練習をしよう』と呼びかけました。これが功を奏して、運動会で一位になったんです。すると翌年からは、どのリレーチームもバトン渡しのみの練習を取り入れるようになりました」

これこそ違った気づきの切り口で勝利を手にしたエピソードだが、「中学生の読書量が圧倒的に足りない」と、もう何年も言われている。これは中学生で一番育まなくてはならない能動的行動の減少を危惧しているからだ。

読書はみずからが文字を追いかける能動的な行動。この行為が気づきを鍛えてくれるのだ。

# 形から入ることで上達するテクニック

大輝さんはスポーツをやらせても、フォームだけは「完璧」「プロ並み」と評価されていた。

「フォームというか、構えがきちんとできていると、周りに対してハッタリが効きます。『コイツ、もしかしてデキる⁉』って相手に思わせることができたら、精神的に優位に立てるじゃないですか」

これが恭子さんの戦術。大輝さんは「形から入る」という恭子さんの考えかたを受け継いでいた。

卓球部では「試合に出して貰える機会はけっこうあった」という大輝さん。だが、実力はともなっていた訳ではない。

「客観的に見れば、実力というかレベルは全然大したことなかったんですよ。だからきっとハッタリ要員だったと思います」

3年間、卓球部を続けた大輝さんだったが、実際のところ、大輝さん自身も部としても、大した活躍はできなかった。

「県大会はいつも予選落ちで練習試合も負け越していました。とは言え、専門的にやったのは間違いないので、未経験者とは比べものにならない技術は身についていたようです」

それを如実に物語るこんなエピソードがある。

大輝さんが中学3年生のときのゴールデンウイーク。家族全員で温泉旅行に行き、娯楽室にあった卓球を家族みんなでやっていたときの話である。勇次さん曰く、「スポーツやゲームは勝敗を目的とする場合とコミュニケーションを目的とする場合がある」そうで、この日の卓球は当然ながら後者。

「大輝もそれをわかってか、私たちとラリーが続くように手加減をしていたんです。その姿がいかにも『家族相手では物足りない』という風に見えたんでしょうね。遠巻きに見ていた大学生らしきお兄さんが『卓球やったことあるの? よかったら俺と真剣勝負しない?』と大輝に声をかけて来ました」

成り行きとは言え、見知らぬ相手と一戦を交えることになった大輝さんはかなり緊張していたそうだが、いざ始まると、意外なほど白熱したという。

「まるでオリンピックの試合を観ているような戦いぶりで、その場にいたお客さんが全員観客となってしまいました。急にガクッと曲がるサーブや卓球台の端ギリギリに打ち込むスマッシュなど、素人からは『あんなの打ち返すのは不可能だろう』としか思えないようなラリーに目が釘付けでした」

最終的に大輝さんは負けてしまうのだが、聞けば相手は何年も卓球をやってきた大学生。「僕を相手にここまでやるのは大したもんです。ほとんど手加減できませんでした」と絶賛されたという。

「お世辞だよ」と最初はクールに振舞っていたという大輝さんだったが、

「やっぱり経験がモノを言うんだね。なんかやったことがちゃんと身についてるって実感できて楽しかった」

と、実はご満悦の様子だった。

「このテクニック（？）は受験でも使えるのでは？」

そう考えた恭子さんは、のちに高校入試へ向かう大輝さんに

「頭のいいフリをして周りにプレッシャーかけるのよ！」

とアドバイスした。

専門的な技術を学ぶため、形から入ってみる。プロ選手のマネをして、そのスポーツに興味を示し、実力を上げていく。

学力も「私はできるんだ」という暗示と「できる雰囲気をつくって相手を威圧する」ことで、実力を上げていくことが可能だと考えた恭子さん。

それは形から入ることで、本人が後戻りできないよう追い込む母親ならではのテクニックということになるのだろう。

## 受験は普通の一日。イベント化しない

そもそも恭子さんは「こうあるべき」という、形から入るタイプだった。例えば、

「エプロンをしないと家事をする気が起きない」

「パジャマに着替えないと寝られない」

「ダイニングテーブルじゃないと食べる気がしない」

など、妙なこだわりを持っていた。

「大袈裟に言うとけじめですかね。『これは○○をするためにあるんだから、それを守ろう』みたいな感じです。果物は包丁で剥きません。必ず果物ナイフを使います。カレーもカレー皿にしか盛らないし、間違っても湯呑みでコーヒーを飲んだりしません。正しい使いかたをしないと気持ちが悪いんです」

そんな恭子さんを見て勇次さんは「大輝と同じで融通が利かない」とよく言っていた。

「私的には本来のスタイルを尊重しているんです。外出から戻って来たとき、よそ行きの格好のままじゃ落ち着かないです。部屋着に着替えて、ようやくくつろげるみたいなことですよ。おさまりがいいって言うんですかね。考えようによってはシンプルで自然な流れだと思っていますが……」

そのお蔭で、宮本家の子ども達は制服を着たまま食事をすることがない。勇次さんもスーツやネクタイ姿で食卓についたりしない。朝食の後に着替え、夕食は着替えてから取る。夏祭りには家族全員が浴衣を着て出かけたり、クリスマスイブの夕飯はサンタ帽を被って食べるなどの習慣があった。

「形から入ることで、イヤでもその気になれるのです。メリハリがあって楽しくないですか？」

だから恭子さんは食べ物にも縁起を担ぐ。

それでは、大輝さんにとって人生の最初の一大イベントである県立高校受験の当日には、なにを食べさせたのか。

「いつもと同じような朝食を作り、いつもと同じようなお弁当を持たせて送り出しました。前日の夕飯ですか？　それも普通のメニュー。焼き魚とか煮物ですね。大輝も

『カツとか出されたらどうしようかと思った！』とホッとしていたようでした」

ゲン担ぎ、旬の食卓と栄養バランスを考える恭子さんにしては意外である。

「じつは最初、前の晩はトンカツにして、当日はオムレツにケチャップで『必勝』とか書こうかなって考えていたんです。そういうのって、受験生を送り出すセレモニーみたいなもんじゃないですか？形から盛り上がる我が家ですし、大輝はいざというときのプレッシャーには強いと思っていたので、それが自然かなと。でもさすがに試験日が近づくにつれ、口数が少なくなったり、食欲がなくなったりしている大輝を見ていたら、それはないかなと」

恭子さんが食事を「入試シフト」にしなかったのは、大輝さんに対する「普段のままの大輝でいよう！」というメッセージに変えたかったからだ。

この恭子さんの対応は正しかったようで、大輝さんは
「なんにでも盛り上げて楽しもうとするお母さんらしくないなと思ってたけど、きっとお母さんなりにいろいろ葛藤があったんだろうなあと思ったら、ちょっと感動した」

と勇次さんに話している。

学力向上の「形から入る」のとは違い、本来のスタイルを守りながら、イベント化しない教訓。母親は自分の作った食事で子どもに気持ちを伝えることができるのだ。

## 塾に通わなくてもポジティブ家庭づくりで学力は備わる

受験期の子どもに対し、「受験に関係のないことはやらなくていい」とアドバイスする話はよく聞くが、恭子さんは首をひねる。

「学ぶ原動力は知識欲だと思うんです。それがなければ勉強はただの暗記。スパルタの進学塾だと『余計なことを考えているヒマがあったら、一問でも多く解け！』みたいな檄を飛ばすとの話を聞きますけど、大輝には無理だなと思ってました」

生まれてこのかた学習塾に通ったことのなかった大輝さんだが、中学3年生の始めに学校で行なわれた統一模試の結果が県内で上位となった。すると自宅の近くにできたばかりの学習塾から、「塾の実績を上げるために特待生として来て欲しい」と言われる。月謝は免除、自分の都合の良い時間に自由に講師の授業が受けられるという条件だった。

だが、大輝さんは「勉強は自分でやるからいい」とそれを却下。「それでは名前だけでも在籍にして欲しい」と言われたが、それでも答えはNOだった。

「そういう詐欺の片棒を担ぐようなことは嫌だ」

と、その塾の関係者の目の前できっぱりと拒否したのだ。

「先方はさぞ、気を悪くしたと思います」

中学3年生の夏に入り、大輝さんはいよいよ進路を決める時期となった。模試の結果が物語るように中学校入学以来、成績は優秀だった。当然のように、担任の先生は県内で一番偏差値の高い県立の男子校を奨める。

ところが大輝さんは
「そこは自宅から1時間半くらいかかる。通学に時間をかけるのは嫌だ」

と、先生の奨める高校への進学を辞退した。

そして自宅のほど近いところにある県で二番目に難しいといわれる県立の男子校を志望高とした。

「推薦入試でというお話もいただいたんですけど、推薦枠の受験科目にある小論文が苦手ということもあったし、なによりも本人が『試験問題を解いてみたい』というので、一般受験を選択しました」

県内二番目の高校受験を決めたとき、担任の先生から電話がかかってくる。

「なんとか○○高校（県内で一番偏差値の高い高校・以下一番高）を受験するように、親御さんのほうから説得してもらえないでしょうか？」

恭子さんの返事はＮＯだった。

「その理由は大輝が言ったように、自宅から遠かったからというのもあったけど、そもそも高校で勉強ばかりさせたくなかったんです。一番高へ入学したら、いくら大輝でも相当勉強しないと周りについていけません。勉強漬けになってしまうのは火を見るよりもあきらかでした。大輝は小さいころからずっとマイペースで勉強を楽しんでいた子でしたから、そのペースが崩れてしまったら、勉強をするのが嫌になってしまうかも知れない。それに一番高は超がつく進学校でしたから、大学に進学しない選択肢がほぼない訳です。我が家は学歴主義ではありませんから、高校を卒業して就職するというのも選択肢のひとつでした。だったら一番じゃなくてもいいのかなって」


子どもにとってより高い偏差値、より質の良い教育環境を求めれば、親は学校のレベルを真剣に考えなくてはならない。これは避けて通れない現実だろう。とすると、そのレベルの学校は、中学・高校受験は進学塾なしに語れなくなるのもまた現実だ。

そもそも勉強にはコツがあり、専門性の高い個別校の受験対策の必要性は今や否定できない。この「勉強のコツ」と「専門性ある受験対策」を義務教育の学校という場に求めても、大きな効果は期待できない。だから進学塾が席巻するのは当たり前となっている。しかしながら一方で進学塾へ通わせても、さほど学力が伸びない子どもがいることもまた事実だ。

「学ぶ原動力は知識欲」という恭子さんの考えかたには背景がある。それは両親がポジティブシンキングであることだろう。押し付けずとも、子どもみずからが積極的に勉強をする行動力を支えているのは、その家庭のポジティブさの度合いなのだ。子どもが「勉強をやりたくない」となれば、それはネガティブに考えた結果の意思だ。そこには家庭にネガティブな一面があることも一因となる。

大輝さんがマイペースながらも、みずから進んで勉強をしたいと思えたのは、家庭にポジティブな側面が多かったからではないだろうか。つまり選択肢の自由があるという点が大きく影響している。そこが「もっと知りたい、知識が欲しい」という探究心と、「解いてみせる」という挑戦意欲を育んだのである。

## 勤勉になれる環境は、そこにある環境を利用してつくり上げるもの

県下トップの高校ではなく、二番手の県立高校を志望校に選んだ大輝さん。進路指導の先生からは「お前が受からなきゃ誰が受かるんだよ」と、合格の太鼓判を押されていた大輝さんは、すべり止めの併願校は「必要ない」と恭子さんに断言する。

「いや、絶対に必要。嫌だと言っても受験させるから」と、恭子さんもこのときばかりは大輝さんの意見を尊重せず、厳しい口調で言い放った。そして淡々と二つの私立高校に受験の手続きを済ませてきた。これはポジティブシンキングの恭子さんにしては珍しい行動だった。

「受験に絶対はないです。病気とかケガなど思いがけないアクシデントに見舞われる、あるいは予想ができない事態になることもあります。普段だったら絶対にやらないようなミスをすることだってあるかも知れない。それで本命がダメだったら、取り返しがつかないです。高校浪人は現実的ではないですから。もちろん二次募集・三次

募集をしている高校はありますけど、そんな事態になってから『入ればどこでもいい』という話にはまずなりません」

最後まで併願することに抵抗していた大輝さんだが、最後は受験校選びを恭子さんに一任する。恭子さんは「受験会場の雰囲気にいち早く慣れるため」と、試験日の一番早い高校と、「スクールバスの運行があり、通学が楽」な高校を選んだ。

しかしこれは大輝さんを納得させるための理由づけでしかなく、恭子さんにとってじつはどうでも良いことだった。いわゆる身内から騙したのだ。

「大輝は志望校合格確実ですから、私立は合格しても行かないのが大前提。だったら私立受験校選びを深く考える必要はないかなと」

これは前述の「絶対なんてものはない」「万が一（不合格）ということもあり得る」という考えと矛盾するように思える。なにを隠そう、恭子さんの本音は「大輝に限って万が一（不合格）なんてことは絶対にあり得ない」だった。

「でもそれではあまりにも奢り高ぶっていると思えて、受験の神様の印象を損ねるんじゃないかと。だから『いやいや、もちろん慢心なんてしていませんよ』っていうアピールのために併願の準備をしただけ。要するに「受験の神様」を欺いたということです。ゲン担ぎの性分ですから。敵を欺くには味方からって言いません?」

つまり安心感のため、大輝さんに対しても併願を奨めるポーズを取っていたのだ。

ちなみに宮本家は無宗教で、恭子さんにも傾倒する信仰心はない。

「でも日本は八百万の神の国ですし、お宮参りや七五三、結婚式など人生の節目に神様はつきものじゃないですか。それを都合の良い解釈で安心するわけです。どんなときでも開き直れる私の強みを生かすために」

そして無事に大輝さんは併願校を二校とも合格する。進路指導担当の先生がこっそり教えてくれたことによれば、大輝さんは両校共トップの成績での合格だったそうで、どちらからも特待生の申し出があったようだ。

「特待生なんて、プレッシャーだらけじゃないですか?常に成績でトップクラスしか許されません。私、子どもに勉強でプレッシャーをかけたくはありませんから」

いよいよ本命の県立高校入試の日を迎えた。

試験が終わった大輝さんはその足で中学校へ向かうと、進路指導の先生相手に試験問題のおさらいをした。

「自己採点ではほぼ満点でしたが、県立の場合はすべての高校が同じ試験問題になるため、偏差値の高い学校は（簡単な問題は正解しても加点しないなど）独自の採点を取ると言われていたので、不安がなかったわけではありませんでしたが、結果は合格。合格発表は主人も一緒に親子三人で見に行きました」

掲示板で自分の番号を見つけた大輝さんは、なぜか気の抜けたような表情をしていた。「もっと嬉しそうな顔しないさいよ」との恭子さんの問いかけに、

「今まで体験したことのない感情だから、どういう顔をしていいかわからない……」

「振り返ってみると、反抗期がほとんどなかったことが幸いしたとも思えます。反抗ばかりされていたら、きっと私は子どもに不安を感じてコミュニケーション不足になっていたと思います。『もう親の庇護は必要ないのね』と、関心を持たないようにしていたかも知れません。それといろいろな意味で環境が味方したのかなとも思えます。例えばウチの近所は住宅と畑ばかりで、歩ける距離にコンビニもありませんでしたし、ゲームセンターのような娯楽施設もありません。遊びに没頭する機会があまりない地域なんです。当然、家での食事が当たり前。そして夕飯では必ず家族のコミュニケーションがある。そんな環境だったから勉強に集中できたんだとも思えますね」

## 地域一番の高校より、二番手の高校に行くこれだけの利点

そもそもなぜ宮本家は、少しでも偏差値の高い高校に通わせることを希望しなかったのだろうか。

「私にはなかったです。大輝もなかったんじゃないかな。勉強はやろうと思えばどこでもできるし、逆にやる気が起きなければどこにいてもやらない。繰り返しになりますけど『勉強をしない』『進学しない』という選択肢を残したかったんです。そもそもなんで一番目じゃないとダメなのかわからない。東大合格率ナンバー1の高校へ行けば、東大へ行くのは有利かも知れないけど、大輝はそもそも中学から高校2年の夏までは、東大を目指していたわけではなかったですからね。少なくとも、高校受験時点での大輝には東大よりも勉強すること、高校生活をエンジョイすることしかなかったのですから」

「なぜ一番でないとダメなのか?」

この台詞を聞いて、2009年に国会で物議を醸した議員の発言を思い出した。

事業仕分けを担当し、文科省の予算仕分けの席に臨んだ議員は、「世界一」になることを理由に予算を求める「スーパーコンピューター」の開発事業に対して、「2位じゃダメなんですか?」と投げかけた。

これについて文科省は「スーパーコンピューターで世界一になれなければ日本は二流国になってしまう」という趣旨のことを言い、「2位ではダメか?などは愚問」「1位を目指さなければ2位も3位も無理」などと研究者は主張した。

ちなみに当時の日本はスーパーコンピューターの開発において、アメリカに後れをとっており、要求通りの予算を投入したところで1位になる保証はなかった。

後に議員は「ナンバー1ではなくオンリー1を目指す努力を期待したい」と述べており、2年後の2011年に日本のスーパーコンピューターは、7年ぶりに世界一になるのだが、この議員の発言に科学者が発奮した結果ととらえることもできる。

「オンリー1を目指した結果がナンバー1だった」

これは「本ではなく本人を見よう」と育児書を捨て、「周りと比べることをしない」考えで、「東大に入れようとしたのではなく入ってしまった」と繰り返す恭子さんの子育てと同じに映る。

有名進学塾では志望校を「本命」と「チャレンジ」にはっきりと区分けしている。つまりその子の学力の水準を見極め、志望校合格を目的化しない考えかたを一方で取り入れている。

進学塾としては、ひとりでも多くの超難関校合格者が欲しい。それが最大のアピールとなるからだ。万が一、その子が水準以上のチャレンジ校に合格しても、それは進学塾としては合格者としてカウントできる。

けれど、最終学歴にはならない中学・高校受験では、水準以上の志望校に入学するかどうかは別だと考えるケースも多い。そのレベルからはじまることで、かえってその子の学力の伸びにつながらないケースを経験しているからだ。入学しても他の子と競争にならないほど差がついてしまえば、ついていくことに精いっぱいになり力を発揮できない、最悪の場合はあきらめてしまうこともリスクとして考えておかなければならない。

県内一番の高校で、中位以下の成績しかおさめられないなら、県内二番で上位にいたほうが有利とされる所以はそこにある。もちろん、限りある時間を有効に使うには、そこに通学時間というリスクもあるだろう。

晴れて卒業式。大輝さんは中学3年間を通しての成績はオール5、生活面での判定もオールAという優秀な成績で卒業した。これは小学校のときの悔しさが反動となっている。小学校では6年生の3学期しかオール5ではなかったからだ。

「本人曰く『80で満足するクセはつけたくないんだ』とか。この『0か100か』みたいな大輝の考えには抵抗があったんですけど、それが3年間という長い道のりで、『達成してやるんだ』という気持ちにつながったでしょうね」

やった結果がついてくれば、学力はさらに向上していくのだろう。

4章

# 東大合格は目的化！
# 達成されることがすべて

## アウェー感の少ない「家から近いが一番」がもたらすメリット

中学校の担任の先生の奨める「県で一番」の進学校ではなく、自宅から近い「県で二番」の高校を選んだ大輝さん。その理由の最たるものが「通学に時間をかけたくない」だったのだが、恭子さんもこれには大賛成だった。

「ずっと地元の公立校に通っていた大輝は小学校では徒歩、中学校は自転車で通学していました。ですから1時間以上も電車に乗って通うのは疲れるだろうなと。ウチは駅から遠く、公共交通機関が充実していないので、大人はマイカー移動が基本です。中学生まで電車に乗る機会があまりなかったので、それもちょっと心配でした」

片道2時間近くかけて都内の会社に通勤する勇次さんが「通勤だけで疲れていた」ことも、影響した。

「主人は毎朝5時半に起き、6時30分の電車に乗っていましたが、周りには同じような時間帯で高校へ通っているお子さんもけっこういて、親御さんから『睡眠時間が足りなくて学校で居眠りばかりしている』『時間がないから朝食抜き』なんて話を聞いていました。大輝にはそんな生活は送らせたくないなって思っていました。通学にそんな労力を使う必要あるのかな？っていう大きな疑問もありました」

大輝さんの入学した高校は恭子さんにとってはいわゆる地元。そのため高校の近くのお店での買い物や、大輝さんの高校の同級生のママ友とのランチも頻繁だった。生活圏内という近さなので、ときどき「大輝、今ごろなにしているのかな？」と考えながら、高校の建物を眺めることもしばしばあった。

「高校に入学したてのころ、大輝の様子が知りたくて、双眼鏡で校門の外から覗いたことがあるんです。さすがに100均ショップの双眼鏡じゃ無理でしたけどね。まあ、親バカっていうか、普通はやらないか。でも、さすがに大輝の高校が遠かったらやりません。なにかのついでに寄れる近さだったので一瞬、血迷っただけです（笑）」

小中学校と違い、高校ともなれば親が学校に行く機会は激減する。子どもと親の「親離れ」「子離れ」が進む過程では、それが当たり前となる。

「授業参観も年に2回くらい。『入学式と卒業式以外は学校に行かない』保護者も珍しくない。中学まで家族の一大イベントだった運動会や体育祭にも保護者が来ないと知ってびっくりしました」

ちなみに大輝さんの高校の体育祭は平日。この時点で「保護者の観覧を前提にしていない」ことはわかりそうなものだが、保護者が観に行ってはいけない訳ではなく、恭子さんは勇次さんに有休を取ってもらい、夫婦で観に出かけたエピソードがある。

入学して最初の体育祭の日。昼食は親と一緒ではなく、普通に教室で弁当を食べることは聞いていたものの、「だからって、わざわざ外に食べに行くのもヘンよね」と、恭子さんは勇次さんと食べるつもりで弁当を用意。レジャーシートと水筒を持って体育祭へ出かけた。ところがそんなのは恭子さんたちだけ。他にも保護者の姿はあったものの、10名に満たない程度。しかもみんな遠巻きに眺めているだけ。校庭には保護者用の観覧スペースもなく、完全に浮いてしまった。

「恥ずかしかったですね。『親バカというか、バカ親丸出し』って、ママ友に笑われました。でも『高校の体育祭は親が来ないの？観たいと思わないの？』と真顔で聞くと、『観たいとは思うけど、わざわざ出かけるのが面倒臭い（ということにする）』と口を揃えて言われました。『なるほどね』と思いました。イメージとは違ったとはいえ、観られない保護者が多い高校の体育祭を観ることができたのは貴重でした」

それでも生活圏内にあるお蔭からか、恭子さんを逆に大輝さんが目撃することも。

「マラソン大会の途中で私の車を見かけたようです。大輝は『あ、お母さん』ってわかってくれたみたいで『なんか嬉しかった』って言ってくれました」

恭子さんはこの「嬉しかった」の真意を大輝さんに尋ねた。すると、「高校に入って、知らない人だらけで、新しい環境に戸惑っていたときに母さんの姿を見かけ、『なんだ、ここも結局地元じゃん』とホッとできた」と話している。

朝、家を出てから帰って来るまで、どこでなにをしているのかわからない高校生の保護者が多いなか、恭子さんは生活圏内に高校があることで、大輝さんが「どこでなにをしているか」を実感できたわけだ。

「不測の事態があったときでも、すぐに駆けつけられますし、地震などで交通機関が麻痺したとしても、自宅から15キロほどの距離なので、その気になれば歩いて帰れます。大学進学や就職、結婚と、いつかは家を出て行くことはわかってますが、遠方の高校に通学している子より、家にいる時間が長かったことは親孝行だったと思います」

## 高校生しょっぱなで出ばなをくじかれる

高校入学後すぐに行なわれた実力テストで、大輝さんは学年で11番だった。

「中学時代は1番か2番、たまに3番があるくらいだったので、本人もショックを受けていました」

それは県内で二番目に偏差値の高い高校に入学した大輝さんが受けた、試練の第一歩だった。

大輝さんは
「僕は井の中の蛙だったんだ」

という言葉を口にして、あらためてそれを思い知らされたことを恭子さんに告げた。

大輝さんの出身中学は県内でも決してレベルの高いほうではなかったが、それでも大輝さんは学力ではダントツの存在であり、他校でも知られるほどだった。中学時代の県内学力テストでも上位で、前述のように、塾から「名前だけでも貸して欲しい」

と言われたほどだ。

「これはもうしかたのないことで、大輝にとっては洗礼みたいなもの。自分なりに納得したようです。高校に入学してからも、今までどおり勉強は進んでやっていて、怠けていた感じではなかったですけどね。でも、結果は真摯に受け止めなければなりませんし、そこからどうポジティブになれるかですからね」

この洗礼を受けたことで、発奮できるか否か。ひとつの大きなヤマ場となった。

「予習復習のクセは小学校のころから変わってなかったんですけど、それでもつまずいたときは放課後に職員室で先生に食い下がり、個人授業のようなことをして貰っていたようです。幸い、指導に熱心な先生が多く、鬱陶しく思われるようなことはなかったようですが、『同じ授業料払っているのに、お前だけ余計に教えてもらって得だな』と苦笑いする先生もいたようです」

県内で二番目とはいえ、進学校だけのことはあり、入学当初から勉強熱心な生徒が多くいた。

さらに生徒のほとんどが高校入学直後から塾通いをしていた。

だが大輝さんは相変わらず、いっこうに塾通いへの関心は見せない。むしろ、さらに興味を失くした感すらあった。「本末転倒のような気がするから」というのがその理由だ。

「夜遅くまで塾通いをしていることで、授業中に居眠りをしたり、学校でこっそり塾の宿題をやってしまい、肝心の授業を聞かなかったり……。挙句には塾通いで彼女ができてしまい、デートを優先する子もいたようで、意味がないと思ったようです」

「せっかく学校があるのにもったいない」

「いったいなんのための塾なんだか」

大輝さんは塾へ通ってもっと学ぼうとは、到底考えられなかったのだ。

「私も学校の授業を聞いていれば、必要な知識は得られるという考えだったし、家でも勉強はできますから、必要ないのではと思いました」

このように恭子さんも塾の必要性は感じていなかった。だが、大輝さんは担任の先生との個人面談の席で塾通いを奨められる。

「学校は勉強しか教えないけど、塾なら受験テクニックを教えてくれるから効率がいいぞ」

「そういうのって、こざかしい感じがして嫌だ」

「こざかしいってことはないだろう？受験対策は必要だぞ」

「僕はその場限りのテクニックより実力とか学力を身に付けたいんです」

先生も塾通いをこれ以上奨める理由はないと、閉口してしまい、それでおしまいとなった。

# 勉強とはなにか

「僕は受験のために勉強をしているんじゃない」

これが口癖だったという大輝さんはしばしば

「別に大学に行かなくてもいいんだ。僕、大学行かなくてもいいよね?大学に行かなくても勉強って続けられるよね?」

と、恭子さんや勇次さんに確認していた。

「主人も私も常に『大輝の好きにしていいよ』というスタンスでした。例えば高校卒業後に就職という道を選んだとしても、また勉強がしたくなったら、大学に入り直してもいいし、夜学もある。『本人の好きにさせよう』と夫婦も一致していました」

とは言え、大輝さんの高校では9割以上の生徒が進学する。まして大輝さんのように、成績上位な生徒が進学しないなどということはまず考えられない。

「高校1年での保護者同席の進路相談のときに『(大学進学はせず)就職することも

視野に入れていますꉁと言ったら、『へ？マジで？』とびっくりされました」

大輝さんの担任は30代で熱心に指導してくれる熱血教師タイプ。松岡修造のようなイメージの先生だった。

「いつもキリッとしている先生が、急に間が抜けたような顔をして『マジで？』と言ったのがおかしくて、笑いをこらえるのが大変でした（笑）。まあ、それだけこちらが突拍子もないことを口にしたわけですからね」

早速その日の夜、先生から恭子さん宛てに電話がかかってきた。

「お母さん、ちゃんと考えてあげて下さいね。高校に入ると、誰でも一度は勉強についていけないとか、不安になるものなんですよ。大輝さんは大丈夫ですから、お母さんがしっかりしないとダメですよ！ね、お母さん、大輝さんは話せばわかる子ですから、これはお母さん次第ですよ」

担任の先生はあまりに焦ったのであろう。こう恭子さんに告げたのだった。

「今度はこっちが『へ？』って感じでしたよ。言われなくても大輝は十分に勉強についていけていましたから、そこはなんの心配もしていませんでした。大輝のことを考えているからこそ、本人の希望を尊重してやりたいと思っているのに、ダメ出しされたようになって。なんか話が通じてないのかな?って思っちゃいました」

その電話を受けたあと「ねえ、お母さん間違ってる?」と大輝さんに尋ねた。

「全然。進学だけが進路って考えるほうが間違っているんだと思うよ」

と大輝さんは笑顔で話した。

「でも大輝が進学しないのは私のせいみたいに言われたのよ」

と恭子さんがむくれると
「お母さんのせいじゃないから大丈夫だよ」

と恭子さんの肩をポンと叩く。

これで恭子さんの機嫌は直ったのだが、今度は「お父さんの出番がないみたいに言われている」と勇次さんがスネてしまった。担任の先生にとっては、さぞかし面倒くさい家庭だと思ったに違いない。

「受験が終わってやっと高校に入れたのに、これからの貴重な3年間をまた受験のためにすごすなんて絶対に嫌だ!僕は高校生活をエンジョイしたい」

と、宣言した大輝さんを見て
「やっぱり一番偏差値の高い学校に入れないで良かった」

と恭子さんは自分たちの判断が間違っていないと確信した。

しかし現実として「大学へは行かなくてもいいか？」との子どもからの問いは、挫折感から生まれる発言であることが圧倒的に多い。いわゆるエクスキューズだ。

ここで親の言う「あなたの好きにしていい」とのフレーズは、問題の先送りにすぎない。それは子どもの興味に対する多様性を考えると、「やっぱり大学へ行きたい」という答えを時間をおいて出すことを、子どもに期待しているからだ。

ただ高校生の3年間は、中学生のそれより感覚的にも、時間的にも早い。大学受験の準備は、3年では足らないぐらいの感覚だ。高校が学歴のゴールにはならないことは、どの高校教師も理解していること。だからこそ、大輝さんの担任の先生も、恭子さんの発言に「本意ではないですよね？」と確認したかったのだろう。

「やっぱり大学へ行きたい」気持ちにさせる方法はいっぱいある。それでも親は静かに子どもを見守るべきなのか。いっそのこと、出会い、合コン、全国区の友人そして世界の友人とリアルな楽しさを伝えて、少しでも早くやる気にさせるほうが、現代的で賢明と感じる。そのうえで、今の高校生活も楽しむという贅沢さがあれば、子どもの満足度は高まり、希望に向かって邁進していくだろう。

## 楽しみを鍛えに鍛えまくるのも必要

「高校生活の充実にクラブ活動は欠かせない」

高校入学後、大輝さんは熱心に見学や体験を続け、選んだのは軽音楽部だった。

「オリエンテーリングのコンサートを観て、シンセサイザーに惹かれたようです」

そう言えば、大輝さんは幼少期にピアノを習っていた。1年ほどでやめてしまったが、「絶対音感がある」と言われ、その才能を認められている。

「うーん、でもやめてからは10年以上経っていましたからねえ。まあ、家にあるピアノをたまに弾いていたので、思ったよりすんなりと始められたようです」

軽音楽部には大輝さんと同じように「高校生活エンジョイ派」が集まっていた。

「勉強は二の次。大学へは行くだろうけど、入れればどこでも良い」というメンバーばかりだったため、校内では少々浮いた存在だった。

「それを聞いてワクワクしたんですよ。ウチは住んでいるところが地方の小さい町ですからね。幼稚園・小学校・中学校と、まあ友人の顔ぶれがそうそう変わらない。それが高校に入ってちょっと異色というか、今までにいなかった人たちとの交友関係が始まったんだなと思って私は嬉しかったんです。大輝がどんな影響を受けてどう変わっていくかに、すごく興味がありましたから」

高校はいろいろな地域、環境で育った同年代が集まる。悪い友達と知り合って、それに流されてグレてしまうことだってあり得る。親にとって不安の種とも言える。

「ちょっとだけ考えましたけど、それならそれで面白いかなって（笑）。くそ真面目で面白味のない大輝がグレたらどうなるんだろうって考えたら、心配よりもある意味、興味津々でした。良いことも悪いことも含め、新しい環境で大輝がどう変化するのか楽しみでしたね。グレるだけの資質があるのか、グレて道を間違えたとしても、みずから修正できるのか。子どもの変化への興味は尽きません」

入学から半年後、あまり目立つことが好きではなかったはずの大輝さんが、早々と学園祭のステージに立つことになった。

「どんな出で立ちでステージへ立つのかと思ったら『制服着用』という規制があったんです。『学生服でロックとかダサくない？』と大輝は不満そうでした。今まで身なりを気にしたことなんてなかった『お前が言うか！』って感じ（笑）」

さすがにバンドをやっているせいか、大輝さんを除く部活の仲間はお洒落が気になる子どもばかりだった。「どうやったら制服で格好良く見せられるか？」と、みんなで知恵を絞り、規制の「抜け道」にとどりついた。その「抜け道」とは、インナーとアクセサリーを使ってアレンジするというもの。

「『制服を着なければならない』を『制服さえ着ていれば他のアイテムを取り入れてもＯＫ』と解釈したみたいですね。制服の下に派手なＴシャツやパーカーを着て、腰にチェーンやスカーフをぶら下げ、さらにキャップやハットを被ったりしていました。大輝も仲間と一緒にそんなことを考えるようになったのかと」

自分で進んで勉強をする、寝ぐせのまま登校、地味な私服と中学卒業まで身なりをまるで気にしない真面目を絵に描いたような大輝さんだったが、高校生活をエンジョイしたいという宣言どおりの変革が始まった。

「随分垢ぬけた感じになりましたよ。ヘアスタイルもワックスで固めたりして。中学時代までは全然構わなくて、寝ぐせの頭で靴を履いている大輝に後ろから霧吹きで水をかけて手で撫でつけていたのが嘘みたいでしたね。『こうやって大人になっていくんだなー』と思って嬉しくなっちゃいました」

小学校の高学年から視力が落ち、中学入学と同時に勉強ではメガネをかけるようになった大輝さんだったが、さらに視力が低下し、高校入学からは常時メガネだった。

「大輝が『ロックバンドっぽくないよね』と言ったので、『かけないでやれば？』と答えたら、『それじゃ楽譜が見えない』と。じゃあいっそコンタクトにしようとなりました。前から大輝のおっさん顔をさらに強調させていたメガネ姿が私も気になっていたので、この機会にコンタクトを作ることにしたんです」

思い立ったら、即行動の恭子さんは、処方箋を書いてもらって専門店へ。

「生まれて初めてコンタクトを装着した大輝は、裸眼でいるときより顔がキリッとしてイケメンになったような感じでしたので、思わず店員さんの目の前で『かっこいい！』と連呼したら、大輝は『もういいから』と制して、おもむろに財布を取り出して自分で代金を支払ったんです。『お母さんが出すよ』って言ったら、『これは生活必需品じゃないからいいよ』って。『バンドは自分が好きでやってることだし、高校生になってまで趣味のお金を親に出してもらったら悪い』って断られました」

これが、大輝さんが勉強以外ではじめて「趣味」という言葉を使った瞬間だった。

## 高校生活は学力と楽しみを両立して集中力と解決能力を養う場にする

ロックバンドという新しい世界に足を踏み入れた大輝さん。

そのことに本人以上に舞い上がっていた恭子さんは、音楽雑誌を購入して「ロックなファッション」を研究していた。現役のミュージシャンが愛用している「背が高く見える」ブーツや「髪を立たせる」スプレー、大ぶりのイヤリングやネックレスを入手。次々に大輝さんに「これ着けてみて」と面白がりながら与えるのだが、大輝さんから突然ストップがかかる。

「もうそういうのはいいから……。本番直前だから、今は演奏の練習に集中したい」

と冷たく言い放つ大輝さん。

「それもそうだなって思いました。もうちょっと加減するべきでした」

ちなみに恭子さん、反省はしても（断られただけだから）後悔はしない。

学園祭当日の朝、「恥ずかしいから絶対観に来ないで」と大輝さんは言い残して家を出る。しかし興味津々の恭子さんが素直に応じるはずもない。恭子さん、まずは友人の家に洋服を借りに行った。

「変装して観に行くためです。そしてせっかくだから、私が普段では絶対に着ないような派手目のものを借りました。大輝の初ステージ。応援しない手はないですからね！本当は『大輝』って書いた団扇も持ちたかったんですけど、1年生でしかもキーボードでしたから、悪目立ちするかなと思って、少し自粛しました」

それなりに盛り上がった学園祭のステージが終わると、大輝さんは曲作りにハマっていった。

「DTMって言ったかな？パソコンを使って音楽を作るんです。オタク気質なので、最初は夢中になっていましたが、1年程でやめちゃいました。せっかく曲を作っても、バンドメンバーの演奏技術がともなわないため、思いどおりの仕上がりにならなかったのが原因だったようです」

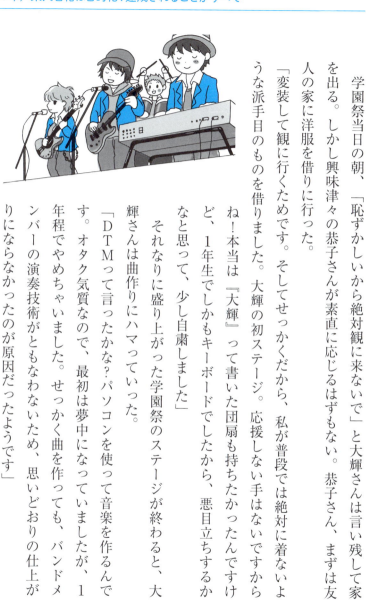

「所詮、机上の空論だったんだよな」

とガッカリし、少々の苛立ちを見せる大輝さん。

「理想と現実とのギャップを思い知らされたようです。大輝にとって良い経験でした」

そう恭子さんは見守った。


大輝さんは幼少期から勉強の予習復習を通じて、問題を突き詰め、解決を導き出すことを覚えた。これは家庭内で「次のことをするには、今あるものを終わらせる」習慣があったことも大きい。つまり解決できないと次へ進めない、進むのが気持ち悪いという習慣である。

これは集中力を養い、解決能力を高める効果には絶大な環境だ。シンセサイザーの演奏から曲作りという行動においても、それは変わらなかった。

たとえ難問でもその場で解決できれば、効率は間違いなく上がる。そのためにインターネットを活用することは有効だ。

大輝さんは高校入学祝いで、勇次さんから専用のパソコンをプレゼントされていた。そのため、常時パソコンが置かれていたリビングにいる時間も少なくなり、自室に籠ることが増えた。しかしながら、自制心の強い大輝さんが、パソコンで遊びを覚えることはなかった。ぶつかった疑問に対して、その解決の効率を上げるために利用していた。

では逆に、解決させないで他のことをやるという方法論は成立するのだろうか。

じつはその切り替えができたら、かなりの大人だと言える。それは知りたい、解きたいと思う好奇心の旺盛さが、時間が経つことで変わるものだからだ。解決したいと思うタイミングで解決させられれば、身になるということではないだろうか。それが翌日になれば、その解決したいと思っていた昨日のモチベーションに上げるまでの時間がもったいないことにもなる。

背景が変われば、思いも変わる。勉強も趣味も、強烈にマスターしたいと思ったときが一番集中でき、解決を導き出す手立てを最大限に模索するもの。それを自分のモノにするには、解決したいと思ったときにトコトンやることに尽きる。

## 大学受験の選択肢は先生の希望的観測で決まる

恭子さんは、大学へ行かない選択肢も視野に入れていた大輝さんの考えが、変わったときのことをよく覚えている。

「大輝が高校に入ってすぐに、私は事務のパートに出てしまったんです。それで毎日が慌ただしくなり、大輝にあまり構わなかったんですよね。とくに勉強についてはノータッチ。進路についても、それまではとくに意識していませんでしたね」

大輝さんが東大を受験すると決めたのは高2の夏。

本人はまだ、大学進学の意思すらも固まっていなかった。しかし、個別面談のときに、担任の先生がどんどん畳みかけてきたのだ。

「どこの大学にするかい。国立？ 私立？」

「家から通える範囲がいいか？」

「どんな学部に興味がある？」

進学前提で話をする担任の先生に言葉で押され、大輝さんは「選択の余地はないんだな」と思い、とりあえずのつもりで

「まだ決めていませんが、行くとすれば理数系です。親に負担をかけたくないので、できれば国立で……」

と、口にしたところ

「だったらお前、東大目指さない？」

と、先生が言い出したのだ。

すでにこのとき、大輝さんの成績は学年で1番だった。入学直後のテストで11番だった大輝さんは、その悔しさから独学で勉強を続け、学年トップの座に立っていた。

「行けますかね？」

「今の成績なら夢じゃないぞ」

「……なら、行こうかな」

こんなやりとりを経て、大輝さんの志望校は東大となった。

「日本の最高学府！ここを出たら将来の選択肢は抜群に広がる」

「嫌というくらい勉強ができる環境」

などと先生に煽られたこともあって、大輝さんも次第に
「東大受験以上に勉強のやり甲斐があるものはない！」

とテンションは急上昇していった。

どんな高校であれ、学年1位の生徒に東大進学を奨めるのは自然なことだろう。

「単純なんですよ（笑）。先生に乗せられた感じ。そういう意味でも大輝がこの高校に行ってなかったら、東大受験はなかったかもです。県内で一番の高校へ行っていたら、大輝が学年で一番になるのは無理だったでしょうからね。成績が10番とか20番の生徒なら、先生も東大を奨めないでしょうから」

大輝さんが県内で二番目の高校に進学した効果が、ここで現実のものとして現れる。

「それでも大輝が高校3年生のときに選択したのは『私立理系コース』だったんです。東大を目指すならば本来は『国立理系コース』ですよね。東大受験専用の勉強は

家でやるから、学校では違うことをやりたいと、そう決めてしまったんです」

大輝さんは「受験のための勉強はあくまで東大仕様」と決めていたようだ。

「それは本人に任せました。というより、コース別の意味や違いが私にはよくわからなかったので。学校の事情は、親よりも生徒である本人がわかっていることですから」

そもそも大輝さんは高校受験のときから、受験という制度の意味が理解できないと不満気だった。それは「勉強は好きだからやるもの」との考えに通じている。だから受験対策と好きで学ぶものは別ものととらえていた。

しかしようやく、東大は日本の最高学府で好きなだけ勉強できること、だがそこに入るには受験勉強が必要なこと、受からないとその環境は手に入らないことを理解したのだった。

東大を目指すことは、誰にでもできる。その選択肢を本人に任せるのは自然なことだが、誰かがその学校の良さを後押ししなければ、単なる目標で終わってしまう。高校生が理解できる「そこになにがある」を教えることも必要なのだ。

# 受験戦争と親

高校3年生になってからの大輝さんは、平日は4、5時間、休日で6〜8時間くらいは家で勉強していた。インターネットを使いこなしていたので、難問の解きかたなどもネットで見つけていた。

「東大の過去問をよくやっていましたね。ネットに落ちていた問題集を拾って解くことも頻繁にありました。便利な時代になったなぁと思いましたね」

3年生の夏休み。後輩たちが新しく購入した機材の管理や部費の会計監査などのために、ちょこちょこ学校に行き、軽音楽部の部室に顔を出していた大輝さんだったが、同級生はみな塾や夏期講習などで忙しくなり、任意参加となっていた部活に顔を出す仲間はいなくなった。

「あいつらでさえ、これか……」

と大輝さんは肩を落としていた。

「ガッカリしたようなびっくりしたような、それでいてどことなく寂しそうな表情でした。見ていてちょっとだけ切ない気持ちになりましたね」

恭子さんは心配そうに大輝さんを観察していた。

「大学なんて入れればどこでもいい！」

「俺は高卒でロックと心中する！」

そう豪語して、勉強漬けの同級生達から異端視されることすらあったバンドメンバーも、演奏から遠ざかって受験態勢になっていった。

「受験ってなんなんだろう」

と、たびたび口にしていた大輝さん。

「幼いころから自主的に勉強していた大輝には、勉強を強要されるような空気が耐えられなかったみたいです。こうなるのを恐れていたことも、一番高に入学しない選択の理由のひとつにありましたから。それでもやはり受験は受験なんだなと思いました」

受験生とはいえ、学校から夏休みの宿題はしっかり出ていた。

「放っておいても勉強する時期だから、学校が『これをやりなさい』と指定してくれるのは逆にありがたい」

と大輝さんは思っていた。

だが、同級生達からは
「夏休みに宿題とか、なに考えてんの？」

「自由研究とか、ふざけすぎでしょ？」

「小論文？そんなの後でいいじゃん！」

と不満が続出した。

宿題は受験勉強の邪魔と考える者が多く、あろうことか、宿題を他人にやらせて自分は受験勉強に専念するというクラスメートが何人もいて、大輝さんは反感を覚えていた。

「受験勉強だけが勉強だなんて考えは間違っているよね？」

「間違ってはいないんじゃない？捉えかたは人それぞれだから」

「じゃあ、僕もやっぱり受験のために勉強をしないとダメ？」

「受験のための勉強『は』絶対必要でしょ？」

「『好きにしなさい』とは言ってくれないんだ？」

「うん。勉強しなさい」

後にも先にも恭子さんが大輝さんに「勉強しなさい」と言ったのは、このときだけだった。

「やっぱり東大を目指すと決めたなら覚悟が必要ですよ。それは本人だけでなく親も一緒。受験生である期間は長い人生からすればほんの一時ですけど、犠牲にするものは決して少なくない。一日何時間も取り憑かれたように勉強する日が続けば、疲弊もするし、ポキっと折れてしまうこともないとは言えない。子どもが最後の最後までくじけることがないように、後悔しないで済むように見守る。親にとっても正念場です。大輝の本気を試す意味もありましたけどね。中途半端な覚悟だったら『受験勉強なんてやめろ』って言ってました。楽じゃないですもん。だけど、本気で取り組んでいるなら、叱咤激励は親の役目。くじけそうになったら発破をかけないとね。代わってあげられるものなら、代わってあげたいですよ。あ、ダメだ！私が身替わりだったら東大受からない（笑）」

## 受験家族の協力体制

「大輝だけに大変な思いをさせるわけにいかない。家族みんなで協力しよう！」

恭子さんは勇次さんにそう訴え、勇次さんがなにより楽しみにしていた恒例の夏と冬の家族旅行を中止した。その代わり、合格したら2回分の旅費を使ってゴージャスな旅行に出かけることとなった。

家族旅行は大輝さんが幼いころから宮本家の恒例だった。中学生や高校生ともなれば、家族よりも友人同士の行動を好むようになるし、部活や勉強の都合もあって家族で出かける機会が減る年ごろであっても、全員で旅を楽しんでいた。

「旅行は『家族が同じ時間を共有する』貴重な機会。私も掃除や食事の支度などの家事をしなくていいし、ずっと子どものそばにいられます。また公共の場所での子どもの振舞いを見ることで成長を実感することもできますしね」

さらに恭子さんは高校受験のときと同じように、合格祈願のお守り集めに奔走した。

「高校受験のときにお世話になったところはもちろん、他にも学業成就のご利益があると聞いた神社仏閣のものは可能な限り取り寄せました」

ゲン担ぎが好きな宮本家に集まった数は、偶然にも高校入試の受験番号と一緒だった。「縁起がいい。これは絶対行ける！」と、ちょっとだけハイになっていた恭子さんだったが、一方で大輝さんには深刻な事態が起きていた。

「秋の模試で東大合格がB判定だったんです。先生は『Bなら全然大丈夫』と言ってくれたんですけど、大輝は『不十分』と受け取っていました」

「僕甘かったかも……」

その日から大輝さんの生活はさらに勉強漬けになった。

「朝型なのは高校受験のときから変わってなかったので、毎日朝の4時に起こしていました。さっき寝たばっかりで起こしていたので、睡眠時間は4時間以下。さすがに本人もやつれていきました」

恭子さんは勉強している大輝さんにココアを入れるのが日課だったが、一心不乱に机に向かう大輝さんの姿を見るのが辛くてしかたがなかった。

「追い詰められた感がありましたね。大輝はいつだって勉強することを楽しんでいたはずなのに、もう全然違っていたんです。あんなに辛そうに勉強している大輝を見るのは初めてでした」

大輝さんが幼いころ、勉強は親子のコミュニケーションツールだった。それが年を重ねるにつれて変化し、いつしか勉強は大輝さんだけが向き合い、背負うものとなった。

「受験は親子二人三脚と言うけど、親ができることってホント少ないんですよね」

無力感の恭子さんだったが、それでも「なんとかしてやりたい」という気持ちは変わらない。でも、なにをしていいかわからなかったので、恭子さんは思い切って本人に聞いてみることにした。

「ねえ、なにかお母さんにできることない?」

「なに、突然!?」

「いや、大輝が頑張ってるから、お母さんもなにか手伝えないかなって」

「気持ちは嬉しいけど、手伝うって言われてもねえ……」

「ねえ、なにでもいいからー」

「じゃ、普通でいて。いつもどおりのお母さんでいてくれればいい」

「へ？」

「だって僕、今は大学受験という特別な限定期間だから、いつもどおりでいられないけど、家族まで巻き込みたくないんだよ。本当は夏の家族旅行だって行きたかったんだから」

「もしかして『悪いな～』とか思ってる？」

「うん。だからさ、せめてお母さんだけは普通にしていて欲しいわけ。そのほうが僕の気は楽だから」

「わかった。お父さんは？」

「お母さんに任せる。そこまで考えられない」

勇次さんは大輝さんが中学を卒業するころには、仕事の関係で中国に単身赴任していたこともあり、勇次さんの存在感はかなり薄れていたようで、大輝さんにはそこまで考えられないのは当然だった。

「まあ、そんな訳で私はリクエストのように、いつもどおり振舞うこととなりました」

# 惜敗の受験

年が明け、受験本番を迎えた。

センター試験の成績は悪くなかったし、その後も勉強に対して気を抜くことはなかったが、この年、大輝さんは東大に合格できなかった。

「二次試験のでき栄えがイマイチだったようで、これは無理だと自分でわかっていたようです」

幸い、併願先の慶應大学理工学部には合格していた大輝さんは
「慶應に行くお金ある？」

とすぐに聞いてきた。

「我が家は裕福ではありませんが、主人が単身赴任中にだいぶお金を貯めてくれたので、学費の心配はありませんでした。下の子の大学受験までは、まだ3年ありましたので、また貯めればいいしと思っていました」

「大学に行きたいわけじゃなくて、東大だったら行ってもいいかなと思っただけだから、東大以外には行く気がしない」

その考えから、大輝さんは併願校をなかなか決めずにいた。

「さすがにそれは無茶なので、慶應だけは受けてもらったんです。これは先生の奨めです。理由は『東大と比べて見劣りしない私立と言えば慶應だけ』と語っていたから。実際はそんなことはないのですが、その例え話に乗っただけです」

東大の合格発表後に慶應の入学手続きをしたのだが、大輝さんはあきらかに乗り気ではなかった。

「どこの大学かではなく、なにをしたいか、なにをやったかが重要なんだぞ」

と励ます勇次さんに
「なにをしたいか、なにができるかわからないのに？」

と、大輝さんはムキになって言い返した。

やはり東大への未練は捨てきれていなかったのだ。

「4月に入ってすぐ、入学式に着るスーツを買いに紳士服の量販店に行きました。世間話の流れで慶應に進学する話になり、店員さんに絶賛されましたが、大輝はあまり嬉しそうじゃなかったですね」

スーツを選ぶのも恭子さん任せ。

「もっと嬉しそうな顔しなさいよ。店員さんだって感心してるじゃない！」

「東大だったらもっと感心したと思うよ」

大輝さんには珍しく、皮肉まじりの発言だった。

「こういう口のききかたをする子どもではなかったのでかなり心配しました」

その夜、帰ってからずっと浮かない顔をしていた大輝さんが、リビングでテレビを観ていた恭子さんと勇次さんのところにやって来ると、意を決して話し始める。

「ずっと考えてたんだけど、僕やっぱり東大へ行きたい。浪人して、来年また受けたいんだ」

「そうだろうと思った」

勇次さんが言い、恭子さんもとくに驚かなかった。

「ずっと悩んでいるくらいなら、早くそう言えば良かったのに」

「来年受かる自信はないし、慶應でも周りは喜んでくれるし、もう慶應にお金払っちゃったしで、タイミングを逃してた。だけど、こんな気持ちで慶應行っても、絶対勉強しないと思う。宅浪してお金がかからないようにするから許して下さい」

と、大輝さんは土下座した。

「本気で受かりたいなら宅浪なんて無理だろう？すぐに予備校を探して入学手続きをしよう」

「お金がかかるからいい。慶應の入学金だって戻ってこないのに、それは申し訳ない」

「子供が金の心配なんかするんじゃない」

「そうよ。大丈夫だから」

ようやく恭子さんが口を挟み、夫婦で大輝さんの肩を叩く。

「ちょうどそのとき、私の両親がお祝いを持って家に来ていたのですが、コトの顛末を聞いても、とくに驚いた様子は見せず、『じゃあ、これは予備校の足しにしなさい』と、お祝いを差し出してくれました」

大輝さんはそれを「じゃあ、来年は入学祝いいらないからね」と言って受け取った。

## 浪人しても東大を目指す！
## それはすべてに有利だから

家族は、もう一度東大を目指すため浪人することでまとまったのだが、揉めたのは高校のほうだった。

無事卒業した大輝さんの「浪人報告」を受け、先生は目を見開いたまま、しばらく言葉が出なかった。

「浪人はバクチだぞ。勉強に専念できるように見えても、自制心がないとあっという間に崩れるからな」

脅しともとれる先生の言葉に、「自制心には自信がある」と言い返した大輝さん。

「自制心というのかわかりませんが、大輝は誘惑に負けることはなかったです。友人宅に泊まりに行って、その友人がお酒やたばこをこっそりやっていても、本人は手を出さなかったようですし、周りが当たり前のように彼女を作っても、本人は無関心でしたね。ただそれがかえって心配でしたけど」

恭子さんが「アンタってそんなにモテないの？」と聞いてみたところ、

「そうでもない。他校の女子からラブレターをもらったことがある。でも好みじゃないから断った」

と、大輝さんは返してきたので、恭子さんは安心感を覚えた。

「『女子は面倒臭い』そうです。妹が我儘で甘ったれだったので、余計そう感じたようですね。主人が私や娘にすごく気を遣う人だったというのもあると思います」


それから大輝さんは予備校に通い、月に一度は東大に行くという「イメトレ」生活を1年送って、翌年無事に合格する。

「今回は大輝の強い希望もあり、思い切って併願校はナシで行くつもりでしたが、じつは大輝に無理やり頼み込んで、早稲田大学だけには願書を送りました。でも受験しなかったです」

「背水の陣でのぞみたい」という気持ちからである。

「合格者のなかに自分の番号を見つけたときの大輝の表情は一生忘れられません。水泳の北島康介さんが金メダルを取ったときの『超気持ちいいー！』という感じで『最高の気分だよ』って言いましたね。主人は大輝以上に頬を紅潮させていました。なんか目がイッちゃってる感じで『いつお酒飲んだの⁉』って怒鳴っちゃったくらいです（笑）」

その日の夜、家族全員で合格祝いの食事をしていたときに突然、大輝さんが号泣する。

「余程嬉しかったんでしょう。誰もなにも言わずに泣きやむのを待っていました」

長くも短くもあった受験期間を終え、晴れて東大入学式の日がやってきた。

「余談ですが、入学式が行なわれた日本武道館は、私が主人にプロポーズされた場所でした。あるアーティストさんのコンサートに出かけたのですが、ラブソングを歌っていたときに指輪を渡された思い出の場所です」

「大学四年間は自宅から通いました。もっとも外泊も多かったですけどね。コンピューター系のサークルに入ってゲームソフトを作っていたようです。女の子を家に連れて来たのは1年の夏休み。関西出身とあってか、明るくて気さくな子でしたね。ぽっちゃりしていて面差しが私に似ていたことから、彼女を見た人全員が『やっぱりマザコンだった』と言いました。まあ、悪い気はしません（笑）。その後は下の子の受験もあり、大輝のことは完全に放置状態でした。だから就職も相談なしに自分で決めてきました。ＩＴ関係の会社に勤めています」

「基本的に本人任せ」である宮本家では、「子ども達自身が望まないことは無理にやらせない」主義だった。子どもの自主性を尊重するためである。

「そんな大層なもんじゃないですよ」

と恭子さんは笑い飛ばす。

「好きにやらせてあげる代わりに、なにがあっても自分で自分の尻は拭きなさいみたいな……。ある意味、責任転嫁ですよ。親としては（これも）手抜きですね」

大輝さんは浪人時代の予備校以外は、まったく塾へも通わずに東京大学工学部に入学を果たした。

「親は東大に入ってしまうなんて夢にも思ってなかったですね。私は地元の短大を出ただけだし、主人の出身校である関西の私大だって、言っちゃなんだけど『まあまあ』というレベル。二人とも学歴主義というわけでもなく、住んでいるところも地方の小さな町ですからね。有名な進学塾があるわけでもないし、都会の文教地区に住んでいらっしゃる方たちのように、子どものお受験や教育に関する意識が高いわけでもない。私も主人も普通に育ってくれれば良いとしか思っていませんでした」

宮本家の長男大輝さんが東大へ入学したことは、小さな町の近所中の話題となった。

「どうやったら東大に入れるの？」

「どういう風に育てたら東大に行ける子になるの？」

会う人会う人に嫌というほど聞かれた恭子さんだったが、答えはいつも同じ。

「私にだってわからないわよ」

決して謙遜ではない。本当にわからないのだ。

「当たり前ですけど、勉強したのも受験したのも大輝。私はどこのお母さんでもやるように、ご飯を作って洗濯して掃除をしていただけ。大学は行ったほうが良いだろうと漠然と思ってはいましたけど、他にやりたいことがあるのなら別に専門学校でも、板前さんとか大工さんみたいな職人さんに見習いに入っても良かったんですよ。本人が望んでいれば……」

大輝さん本人にも「どうして東大に入れたのか？」を聞くと

「東大が入れてくれたから（笑）」

と真面目に答えてはくれない。そりゃそうだろう。

「本人にも答えようがないと思いますよ。勉強は頑張りましたけど、それは他の子どもだって同じこと。進学塾のようなコツはないです。ただ『勉強は苦にならない』と常々言っていたので、東大に入るため嫌々ながら勉強している子がいたとしたら、そういう子よりはストレスが少なかったのかも知れませんね」

気さくな笑顔と、スウェットにエプロン姿で応じてくれ、「よかったらどうぞ」とお茶請けに自家製の漬物を振る舞ってくれるところは肝っ玉母さんといった雰囲気の恭子さん。

気取ったところも気負ったところもいっさい感じられない「ゆるーい感じ」を醸し出す。それは今も子どもの受験戦争時代も変わらずに。

# あとがき

サンデー毎日が誌面に掲載した「2016年東大合格者」一覧。出身予備校の項目には駿台や東進、河合塾といった名門校の名前がずらりと並び、「なし」、つまり予備校や進学塾へ「行かなかった」と回答した生徒は全体の5%未満という結果だった。もはや東大合格は、塾や予備校の存在なしには語れないということのようだ。出身高校の別を見ても、このデータを見る限り、東京都内が4割ほどを占めており、次いで神奈川・千葉・愛知が続く。本書に登場する大輝さんの出身地である栃木県から東大に合格した生徒は0・5%にも満たなかった。その栃木県内の県立高校に通い、高校を卒業するまで一切塾や予備校にも行かなかった大輝さんが東大に合格したのは、限りなく奇跡に近いものだということがわかる。

かつては「末は博士か大臣か」という言葉をよく耳にしたが、現代に置き換えれば、さしづめ「芸能人か東大か」となるのだろうか。東大から芸能人になることは可能だが、芸能人になってから東大に入ることはほぼ不可能。そして東大に合格するかどうかは小学生時代に7割、中学時代に9割が決まってしまうという現実は、東大進学への準備が早いに越したことがないことを示している。

その点を踏まえても、高校2年生の進路相談で担任に奨められるまで東大への進学を、まったく考えていなかった大輝さんは異例中の異例であり、それほど優秀な息子に対し「高卒で就職するという選択肢もある」などと平気で言ってのけてしまう母親も異質な存在だったことは間違いない。塾も予備校もない地方の小さな町の、学歴主義ではない家庭に生まれ、教育ママでもない母親に育てられた子どもがなぜ東大に行けたのか？考えられるのは「教育は環境ではなく人」ということ。「いや、環境だろう」と反論が出るのはもっともだと思うが、少なくとも大輝さんの場合はそうだった。ポジティブ思考の母親に肯定され続けてたことが自信に繋がり、強い意思と精神力を身につけた結果が東大へと導いたのだろう。

結びに、取材に協力頂いた宮本ファミリーと多大なるお力添えを頂いた有峰書店新社の田中潤氏に心よりの感謝を申し上げたい。有難うございました。

清水芽々

※本書は当該家族の希望により、すべて仮名となっています。

**清水芽々**
フリーライター
1965年生まれ
埼玉県出身　栃木県在住
埼玉大学卒
高校時代にライターデビュー。
女性が抱える問題や心の闇、家族間のトラブル、子育てなどをテーマに女性誌や実話誌、スポーツ紙を中心に執筆活動を行っている。不倫や結婚・離婚に関しては1000人以上の女性を取材した経験を持つ。４人の子を持つシングルマザー。

**有名進学塾もない片田舎で**
**子どもを東大生に育てた母親のシンプルな日常**

清水芽々　著

---

2016年8月7日　第1刷発行

イラスト　ebiworks
デザイン　勅使河原克典
編集人　佐々木　亮
発行人　田中　潤
発行所　有限会社 有峰書店新社
〒176－0005　東京都練馬区旭丘1－1－1
電話　03－5996－0444
http://www.arimine.com/

印刷・製本所　シナノ書籍印刷株式会社


ISBN978-4-87045-288-6